轻松汉语

——初级汉语听力(上册)

王尧美 主编

王尧美 蔡 燕
唐娟华 任晓艳 编著

蔡 燕 **英语翻译**
安末淑 **韩语翻译**

北京大学出版社
PEKING UNIVERSITY PRESS

图书在版编目(CIP)数据

轻松汉语:初级汉语听力(上册)/王尧美主编. —北京:北京大学出版社,2006.2
(北大版新一代对外汉语教材·听力教程系列)
ISBN 978-7-301-07963-8

Ⅰ.轻… Ⅱ.王… Ⅲ.汉语—听说教学—对外汉语教学—教材 Ⅳ.H195.4

中国版本图书馆 CIP 数据核字(2005)第 145237 号

书　　　名:	轻松汉语——初级汉语听力(上册)
著作责任者:	王尧美　主编
责 任 编 辑:	张进凯
标 准 书 号:	ISBN 978-7-301-07963-8/H·1221
出 版 发 行:	北京大学出版社
地　　　址:	北京市海淀区成府路 205 号　100871
网　　　址:	http://www..pup.cn
电　　　话:	邮购部 62752015　发行部 62750672　编辑部 62752028　出版部 62754962
电 子 邮 箱:	zpup@pup.pku.edu.cn
印　刷　者:	北京宏伟双华印刷有限公司
经　销　者:	新华书店
	787 毫米×1092 毫米　16 开本　11.5 印张　276 千字
	2006 年 2 月第 1 版　2016 年 3 月第 6 次印刷
定　　　价:	43.00 元(附赠 3 张 CD)

未经许可,不得以任何方式复制或抄袭本书之部分或全部内容。
版权所有,侵权必究　举报电话:010-62752024
电子邮箱:fd@pup.pku.edu.cn

前　言

本人2002年在韩国工作期间，为完成国家汉办的调研项目，对韩国十几所大学的中文教材做了广泛深入的调查，回国后又对国内市场上的对外汉语教学的教材作了比较细致的研究，发现与《高等学校外国留学生汉语教学大纲》（简称《大纲》）配套的比较合适的教材较少，《轻松汉语》这套教材是完全依据《大纲》而编写的。

《轻松汉语——初级汉语听力》以培养学习者的汉语交际能力为目标，既可以用于长期进修生，也可以用于短期教学。教学对象为汉语初级阶段的学习者。本书分为上、下两册，每册30课，共60课，可供每周4～6学时，每学期18～20周的课堂教学使用一个学年。

课文内容取材于真实的交际环境，涉及的生活面较广，从不同的侧面展现来自不同文化背景的留学生在中国的真实生活。所选用的词语、句式契合留学生的实际需要，课堂上学过的，马上就可以在生活中使用，能有效地建立初学者的自信心。

词汇、语言点紧扣国家汉办《大纲》，每一课的中心话题都依据《大纲》短期大纲的交际项目而编写。

课文形式上由两段对话组成，内容包括社会交往、点菜吃饭、寻医问药、邮电通讯、参观旅游等涵盖《大纲》中的初等交际项目的25个功能项目。在练习的设计上，力求体现第二语言学习的习得规律。共分两类：第一类练习与课文有关，着重考察学习者的语音、语调及对课文内容的掌握；第二类练习考虑到HSK的特点，有针对性地对此作了专门的训练，所以这套教材也可以作为一套HSK的应试教材。

本套教材的编写人员都是在对外汉语教学第一线工作多年的高校教师。他们在教学实践中积累了丰富的教学经验，又有相当深厚的理论修养，他们主持或承担了许多重要的科研项目，并承担过多种对外汉语教材的编写工作，这一切都保证了本套教材的高质量。

在本套教材将要付梓之际,我们要向北京大学出版社沈浦娜主任、责任编辑张进凯老师表示衷心感谢,在本套教材的编写过程中,他们给了我们很多的建议和鼓励,感谢他们为这套教材顺利地出版付出的心血和汗水。

我们还要感谢山东大学国际教育学院的领导和同事的支持,感谢那些为我们提过建议的外国留学生和中文教师,最后我们还要感谢一直支持我们的家人。

王尧美
2005 年 12 月

目 录

课　　文		练习	录音文本及答案
第 一 课	语音（一）	1	114
第 二 课	语音（二）	3	116
第 三 课	语音（三）	5	118
第 四 课	语音（四）	8	121
第 五 课	语音（五）	10	124
第 六 课	你叫什么名字	13	127
第 七 课	最近学习忙吗	17	129
第 八 课	你没有兄弟姐妹吗	21	131
第 九 课	你是哪国人	25	133
第 十 课	今天几月几号	29	135
第十一课	我有两张电影票	33	137
第十二课	我想去泉城书店	37	139
第十三课	橘子多少钱一斤	41	141
第十四课	你们饭店有什么特色菜	45	143
第十五课	来中国以后你换过钱吗	49	145
第十六课	你哪儿不舒服	53	147
第十七课	我要洗照片	57	149
第十八课	我的包找到了	61	151
第十九课	你来中国以后寄过信吗	65	153
第二十课	我哪有时间去看电影	69	155

第二十一课	你有什么爱好	73	157
第二十二课	西安好玩儿吗	77	159
第二十三课	听说他下个月就要结婚了	82	161
第二十四课	今天天气真不错	86	163
第二十五课	还有卧铺票吗	90	165
第二十六课	祝你生日快乐	94	167
第二十七课	周末出去玩了吗	98	169
第二十八课	你还住在原来的地方吗	102	171
第二十九课	我的手机坏了	106	173
第 三 十课	你习惯中国的生活了吗	110	175

第一课　语音(一)

一、跟读：

二、写出你听到的声母：

1. _____   2. _____   3. _____   4. _____
5. _____   6. _____   7. _____   8. _____
9. _____   10. _____ 11. _____ 12. _____
13. _____ 14. _____ 15. _____ 16. _____

三、写出你听到的韵母：

1. _____   2. _____   3. _____   4. _____
5. _____   6. _____   7. _____   8. _____
9. _____   10. _____ 11. _____ 12. _____
13. _____ 14. _____ 15. _____ 16. _____

四、听录音，填声母：

1. ___ǔ   2. ___ǎo   3. ___ú   4. ___ǔ
5. ___èi   6. ___ài   7. ___áo   8. ___ēi
9. ___ǎo   10. ___ǎi   11. ___àn   12. ___ěn
13. ___àng   14. ___ē   15. ___è

五、听录音，填韵母：

1. b___   2. g___   3. l___   4. p___
5. n___   6. m___   7. m___   8. j___
9. b___   10. q___   11. x___   12. t___
13. h___   14. d___   15. n___

六、选出你听到的音节：

1. ①bái   ②pái
2. ①dāo   ②tāo
3. ①chàn   ②shàn
4. ①rén   ②pén
5. ①pàng   ②fàng
6. ①gǔn   ②kǔn
7. ①nǔ   ②lǔ
8. ①pàn   ②fàn
9. ①fèi   ②hèi
10. ①tào   ②nào
11. ①bō   ②bē
12. ①tí   ②qí
13. ①nèi   ②nài
14. ①kǎo   ②kǒu
15. ①hán   ②háng
16. ①lín   ②líng
17. ①bài   ②bàn
18. ①fēi   ②fēn
19. ①dǎn   ②dǎng
20. ①qiào ②qiàng
21. ①là   ②lài
22. ①jiǔ   ②jǔ
23. ①rě   ②rěn
24. ①chuāi ②chuī
25. ①mó   ②mé
26. ①nǐ   ②nǔ
27. ①xīng ②xiōng
28. ①yuè   ②nüè
29. ①chèn ②chèng
30. ①zī   ②sī

第二课 语音(二)

一、跟读：

二、写出你听到的声母：

1. _____ 2. _____ 3. _____ 4. _____
5. _____ 6. _____ 7. _____ 8. _____
9. _____ 10. _____ 11. _____ 12. _____

三、写出你听到的韵母：

1. _____ 2. _____ 3. _____ 4. _____
5. _____ 6. _____ 7. _____ 8. _____
9. _____ 10. _____ 11. _____ 12. _____
13. _____ 14. _____ 15. _____ 16. _____
17. _____ 18. _____ 19. _____ 20. _____
21. _____ 22. _____ 23. _____ 24. _____

四、听录音,填声母：

1. ___ié 2. ___ià 3. ___é 4. ___òu
5. ___iǎo 6. ___āi 7. ___ēng 8. ___ǒng
9. ___é 10. ___ǎn 11. ___uō 12. ___ǎn
13. ___én 14. ___áng 15. ___òng 16. ___iū
17. ___iàn 18. ___iě 19. ___è 20. ___ǎng
21. ___iú

五、听录音,填韵母：

1. r_____ 2. sh_____ 3. ch_____ 4. zh_____
5. c_____ 6. z_____ 7. c_____ 8. x_____
9. j_____ 10. q_____ 11. d_____ 12. t_____
13. l_____ 14. z_____ 15. c_____ 16. s_____
17. zh_____ 18. ch_____ 19. sh_____ 20. r_____

21. g ____   22. k ____   23. h ____   24. n ____
25. l ____   26. q ____   27. s ____

六、选出你听到的音节：

1. ①jiā   ②jiān
2. ①qiàn   ②qiàng
3. ①xiǎn   ②xiǎng
4. ①sà   ②zhà
5. ①cè   ②sè
6. ①chóu   ②shóu
7. ①zhóu   ②róu
8. ①shén   ②rén
9. ①zōng   ②cōng
10. ①jiǎng   ②qiǎng
11. ①sēn   ②shēn
12. ①dūn   ②tūn
13. ①zūn   ②cūn
14. ①cū   ②sū
15. ①zhuàng   ②chuàng
16. ①gùn   ②kùn
17. ①jǔ   ②qǔ
18. ①xué   ②xún
19. ①kuān   ②kuāng
20. ①shuò   ②shuì
21. ①cuàn   ②chuàn
22. ①ruì   ②rùn
23. ①zǔ   ②zuǐ
24. ①tú   ②tún
25. ①qíng   ②qióng
26. ①xiāng   ②xiōng
27. ①zhāo   ②zhōng
28. ①zǎn   ②sǎn
29. ①xiū   ②xiōng
30. ①sōu   ②sōng

第三课 语音(三)

一、写出你听到的声母：

1. ____ 2. ____ 3. ____ 4. ____
5. ____ 6. ____ 7. ____ 8. ____
9. ____ 10. ____ 11. ____ 12. ____
13. ____ 14. ____ 15. ____ 16. ____
17. ____ 18. ____ 19. ____ 20. ____

二、写出你听到的韵母：

1. ____ 2. ____ 3. ____ 4. ____
5. ____ 6. ____ 7. ____ 8. ____
9. ____ 10. ____ 11. ____ 12. ____
13. ____ 14. ____ 15. ____ 16. ____
17. ____ 18. ____ 19. ____ 20. ____

三、听录音，填声母：

1. ____ǎ 2. ____ā 3. ____ǔ 4. ____ǔ
5. ____è 6. ____ē 7. ____ī 8. ____ō
9. ____ú 10. ____ǔ 11. ____èi 12. ____ái
13. ____ēi 14. ____uò 15. ____én 16. ____ān
17. ____ōu 18. ____ǐn 19. ____áo 20. ____uā
21. ____ěn 22. ____ǐn 23. ____àn 24. ____iā
25. ____iè 26. ____ǎi 27. ____én 28. ____uǒ
29. ____ùn 30. ____ùe 31. ____éng 32. ____uā
33. ____iàn 34. ____āng 35. ____iǎo 36. ____uài
37. ____iǎo 38. ____àng 39. ____íng 40. ____ōng

四、听录音，填韵母：

1. d____ 2. p____ 3. n____ 4. k____
5. g____ 6. m____ 7. p____ 8. d____

9. r _____   10. x _____   11. b _____   12. x _____
13. r _____   14. c _____   15. l _____   16. k _____
17. l _____   18. c _____   19. p _____   20. n _____
21. f _____   22. h _____   23. t _____   24. j _____
25. s _____   26. b _____   27. m _____   28. z _____
29. s _____   30. ch _____   31. zh _____   32. ch _____
33. sh _____ 34. sh _____   35. zh _____   36. p _____
37. f _____   38. r _____   39. sh _____   40. l _____

五、听录音,选出你听到的音节:

1. ①lín ②nín   2. ①bù ②pù   3. ①zǐ ②zhǐ
4. ①cūn ②chūn   5. ①zhē ②chē   6. ①shì ②sì
7. ①lǎo ②yǎo   8. ①huā ②fā   9. ①nǎo ②lǎo
10. ①pào ②bào   11. ①gēng ②kēng   12. ①tào ②dào
13. ①jiè ②qiē   14. ①hài ②gài   15. ①qià ②qiào
16. ①dāng ②tāng   17. ①chū ②shū   18. ①lán ②nán
19. ①tǎo ②dǎo   20. ①liàn ②niàn   21. ①rì ②shì
22. ①sān ②shān   23. ①kàn ②gàn   24. ①zǎo ②shǎo
25. ①shě ②suǒ   26. ①pā ②pō   27. ①kǎo ②kǒu
28. ①tán ②táng   29. ①xì ②xù   30. ①pài ②pèi
31. ①gèn ②gèng   32. ①jí ②jú   33. ①dāo ②dōu
34. ①jīn ②jīng   35. ①lǔ ②lǚ   36. ①fǒu ②hǒu
37. ①qián ②quán   38. ①gài ②gàn   39. ①qià ②qiào
40. ①zhě ②zhǒu   41. ①zhǎo ②zǎo   42. ①zè ②cè
43. ①sā ②shā   44. ①kè ②gè   45. ①jiān ②quān
46. ①dāo ②dōu   47. ①bān ②bēn   48. ①qiǎo ②qiǎ
49. ①rèn ②rùn   50. ①shōu ②shū   51. ①kè ②kuì
52. ①fó ②fú   53. ①lán ②lún   54. ①sāng ②sēn
55. ①nài ②nào   56. ①dǎo ②dǎ   57. ①yuán ②yán
58. ①mó ②me   59. ①wàn ②wài   60. ①wén ②wán

第三课
语音（三）

六、听录音,和听到的声母一样的划"√",不一样的划"×":

1.（　）zh	2.（　）s	3.（　）q	4.（　）l
5.（　）zh	6.（　）s	7.（　）k	8.（　）t
9.（　）k	10.（　）c	11.（　）q	12.（　）ch
13.（　）z	14.（　）sh	15.（　）z	16.（　）s
17.（　）ch	18.（　）ch	19.（　）r	20.（　）x
21.（　）l	22.（　）r	23.（　）t	24.（　）g
25.（　）m	26.（　）n	27.（　）t	28.（　）n
29.（　）d	30.（　）x		

七、听录音,和听到的韵母一样的划"√",不一样的划"×":

1.（　）en	2.（　）ai	3.（　）an	4.（　）an
5.（　）a	6.（　）ing	7.（　）ong	8.（　）an
9.（　）ong	10.（　）eng	11.（　）ai	12.（　）ong
13.（　）in	14.（　）ei	15.（　）ing	16.（　）iu
17.（　）e	18.（　）eng	19.（　）ao	20.（　）ui
21.（　）ang	22.（　）ui	23.（　）iu	24.（　）ue
25.（　）eng	26.（　）u	27.（　）uei	28.（　）un
29.（　）uo	30.（　）uan		

第四课　语音（四）

一、跟读：

二、写出你听到的声调：

1. _____   2. _____   3. _____   4. _____
5. _____   6. _____   7. _____   8. _____
9. _____   10. _____

三、听录音，标声调：

（一）

1. mama　　　　2. zhende　　　　3. shufu　　　　4. xiuxi
5. shengri　　　6. yeye　　　　　7. haizi　　　　8. shihou
9. shenme　　　10. xuesheng　　　11. nainai　　　12. xihuan
13. women　　　14. jiejie　　　　15. wanshang　　16. baba
17. waibian　　18. weidao　　　　19. keqi　　　　20. renshi

（二）

21. fudao　　　22. shuiguo　　　23. xi zao　　　24. liaojie
25. laohu　　　26. shoudu　　　　27. beijing　　　28. qi shen
29. yuyan　　　30. jie ke　　　　31. yanjian　　　32. henjiu
33. xiangqi　　34. lingdao　　　35. wudao

（三）

36. bushi　　　37. buguan　　　　38. bu xiang　　39. bu tong
40. bu'an　　　41. bu shi　　　　42. bu qu　　　　43. buguo
44. bu kan　　 45. bu pa

（四）

46. wanyi　　　47. di-yi　　　　48. shiyi　　　　49. weiyi
50. tongyi　　 51. yi xia　　　　52. yiyang　　　　53. yiding
54. yikuair　　55. yi ci　　　　56. yiban　　　　57. yi nian
58. yizhi　　　59. yibian　　　　60. yiqi

(五)

61. san san bu 62. shuo shuo hua 63. kan kan shu
64. xiang yi xiang 65. guan yi guan 66. ting yi ting
67. hao bu hao 68. leng bu leng 69. zou bu zou

四、听录音，填空：

1. h _____   2. bīngg _____   3. xiǎon _____
4. xiěz _____   5. méish _____   6. g _____
7. yǒu k _____ 8. liáo t _____   9. guāz _____
10. kǒud _____ 11. j _____   12. hǎoh _____
13. yǒuq _____ 14. dàh _____   15. bèix _____
16. y _____   17. hǎow _____   18. xiǎoh _____
19. fàng _____ 20. zuǒb _____

五、听录音，找出与所听声调相同的字：

1. _____ <A> qī(七)   <B> mǐ(米)
2. _____ <A> wǒ(我)   <B> nín(您)
3. _____ <A> hǎo(好)   <B> tā(他)
4. _____ <A> míng(名) <B> zì(字)
5. _____ <A> shí(十)   <B> jiǔ(九)
6. _____ <A> sì(四)   <B> nǐ(你)
7. _____ <A> háng(行) <B> yǔ(语)
8. _____ <A> bā(八)   <B> xiǎo(小)
9. _____ <A> dà(大)   <B> tiān(天)
10. _____ <A> èr(二)   <B> lái(来)

六、听到与所给词声调相同的词，请在序号下画线：

1. shàng kè(上课)   <A>   <B>   <C>
2. yígòng(一共)   <A>   <B>   <C>
3. Zhōngguó(中国)   <A>   <B>   <C>
4. Hànyǔ(汉语)   <A>   <B>   <C>
5. yìqǐ(一起)   <A>   <B>   <C>

第五课 语音(五)

一、听录音,填空:

(一) 填声母

1. ___ǎn 2. ___í 3. ___ěng 4. ___éi
5. ___ài 6. ___á 7. ___ǐng 8. ___uā
9. ___uě 10. ___ē 11. ___uàn 12. ___ià
13. ___üè 14. ___ò 15. ___iān 16. ___ān
17. ___èn 18. ___é 19. ___iǎo 20. ___iè

(二) 填韵母

1. k___ 2. h___ 3. x___ 4. zh___
5. z___ 6. d___ 7. h___ 8. ch___
9. n___ 10. r___ 11. b___ 12. sh___
13. f___ 14. s___ 15. j___ 16. m___
17. g___ 18. l___ 19. q___ 20. p___

(三) 填声调

1. xiangfa 2. zhuozi 3. buyao 4. mingbai
5. daoyan 6. tamen 7. yi ge 8. ke'ai
9. laoban 10. shenme 11. shiyi 12. jiaoshi
13. suoyou 14. huilai 15. ba sui 16. beiji
17. lingdao 18. zhende 19. yiban 20. xiaohair

二、听录音,写出你听到的音节:

1. ___ 2. ___ 3. ___ 4. ___ 5. ___
6. ___ 7. ___ 8. ___ 9. ___ 10. ___
11. ___ 12. ___ 13. ___ 14. ___ 15. ___
16. ___ 17. ___ 18. ___ 19. ___ 20. ___
21. ___ 22. ___ 23. ___ 24. ___ 25. ___

第五课
语音（五）

三、听录音，选出你听到的音节：

1. _____ < A > Yīngyǔ   < B > yīnyǔ
2. _____ < A > qīngcǎo   < B > qīngzǎo
3. _____ < A > shēngrì   < B > shēnshì
4. _____ < A > sāngyè   < B > shāngyè
5. _____ < A > lǎoshī   < B > zǎoshì
6. _____ < A > qiántou   < B > quántou
7. _____ < A > liánzǐ   < B > liánzi
8. _____ < A > gǎozi   < B > gǎozhǐ
9. _____ < A > ānpái   < B > ānpéi
10. _____ < A > biànzi   < B > biānzi
11. _____ < A > jīngjù   < B > jīngyú
12. _____ < A > huār   < B > huānr
13. _____ < A > huílai   < B > huílái
14. _____ < A > yìwù   < B > yīwù
15. _____ < A > xǐ zǎo   < B > qǐ zǎo
16. _____ < A > qīngpín   < B > qīngpíng
17. _____ < A > dàyǎn   < B > dàye
18. _____ < A > búyào   < B > bǔyào
19. _____ < A > chéngjì   < B > chénjì
20. _____ < A > lǎma   < B > lǎba
21. _____ < A > chéngfá   < B > tǐngbá
22. _____ < A > yǒu kòng   < B > yǒu kòngr
23. _____ < A > qǐlái   < B > qǐlai
24. _____ < A > hēisè   < B > huīsè
25. _____ < A > bìngqíng   < B > bìngxíng

四、听录音，和听到的音节一样的划"√"，不一样的划"×"：

1. (　) jīngxīn   2. (　) qīgài   3. (　) kǎo shì
4. (　) xiānwēi   5. (　) dìngyīn   6. (　) huālěi
7. (　) pāoqì   8. (　) míngbai   9. (　) píjuàn
10. (　) wǎnfàn   11. (　) qīngtiāo   12. (　) jiēhūn

13. (　) làngmàn 14. (　) hǎohǎo 15. (　) jiānqiáng
16. (　) yěxǔ 17. (　) Hànyǔ 18. (　) piányi
19. (　) guānxīn 20. (　) líxiǎng

五、听录音，看音节，给有错的音节改错：

1. yōulíang _____ 2. yuéncǎi _____
3. zhōngveń _____ 4. gǔuén _____
5. fuóxìang _____ 6. dāī _____
7. qúanshuěi _____ 8. yīnuéi _____
9. xóngweǐ _____ 10. gueīlù _____
11. duèihuà _____ 12. fēiüè _____
13. jüédè _____ 14. yüèliàng _____

六、听录音，写出你听到的句子的汉语拼音：

1. _____
2. _____
3. _____
4. _____
5. _____

第六课　你叫什么名字

生词

1.	老师	（名）	lǎoshī	teacher	선생님
2.	您	（代）	nín	you	당신, 귀하
3.	好	（形）	hǎo	hello	좋다, 훌륭하다
4.	你	（代）	nǐ	you	너, 자네, 당신
5.	叫	（动）	jiào	to call, to be known as...	부르다
6.	什么	（代）	shénme	what	무엇
7.	名字	（名）	míngzi	name	이름
8.	我	（代）	wǒ	I, me	나, 저
9.	是	（动）	shì	to be	~이다
10.	哪	（代）	nǎ	which	어느, 어떤, 어디
11.	国	（名）	guó	nation	국가, 나라
12.	人	（名）	rén	people	사람, 인간
13.	请问	（动）	qǐngwèn	Excuse me	삼가 물어보다(말씀좀 여쭙겠 습니다)
14.	贵	（形）	guì	honored	성씨를 물을 때 존경의 뜻으로 씀, 중시하다
15.	姓	（名）	xìng	family name	성씨
16.	你们	（代）	nǐmen	you(plural)	너희들, 당신들
17.	她	（代）	tā	she, her	그 여자, 그녀
18.	介绍	（动）	jièshào	to introduce	소개하다
19.	一下儿		yíxiàr	once, one time	한번, 1회('좀 ~해보다'의 뜻으로 쓰임)
20.	这	（代）	zhè	this	이, 이것
21.	认识	（动）	rènshi	to know	알다, 인식하다
22.	很	（副）	hěn	very	매우, 아주
23.	高兴	（形）	gāoxìng	glad	좋아하다, 기뻐하다
24.	也	（副）	yě	also, too	~도 또한

25.	去	（动）	qù	to go	가다
26.	上课		shàng kè	to go to class	수업하다, 수업받다, 수업을 듣다.
27.	对	（形）	duì	yes	맞다,
28.	我们	（代）	wǒmen	we, us	우리
29.	一起	（副）	yìqǐ	together	같이, 함께
30.	吧	（助）	ba	(modal particle)	문장 끝에서 제의, 청구, 명령 등의 어기를 나타냄

	专 名		PROPER NOUN	고유명사
1	李知恩	Lǐ Zhī'ēn	Li Zhien(name of a person)	이지은(인명)
2	韩国	Hánguó	Korea	한국
3	刘	Liú	Liu (surname)	유 씨(성씨)
4	海伦	HǎiLún	name of a person	해륜(이름)
5	大佑	Dàyòu	name of a person	대우(이름)

第一部分 以下是根据第一段课文的问题

一、连续听两遍录音，边听边填空：

1. ____，您好。
2. 你好，你____什么____?
3. 你是____国人？
4. 请问，您贵____？

二、再听一遍录音，判断正误：

1. 男的是老师。（   ）
2. 女的姓刘。（   ）
3. 女的是韩国人。（   ）
4. 男的姓李。（   ）

三、再听一遍录音,请回答下列问题:

1. 男的是学生,还是老师?
2. 女的叫什么名字?
3. 女的是哪国人?
4. 男的姓什么?

四、写下你听到的句子:

1. _____。
2. _____。
3. _____。

第二部分　以下是根据第二段课文的问题

一、连续听两遍录音,边听边填空:

1. 海伦,____!
2. 我____一下儿,这____李知恩。
3. 认识你很____。
4. 海伦,你去____吗?
5. 对,我们____去吧!

二、再听一遍录音,判断正误:

1. 海伦以前不认识大佑,大佑也不认识海伦。(　)
2. 海伦以前认识李知恩。(　)
3. 李知恩认识海伦很高兴。(　)
4. 他们都去上课。(　)

三、再听一遍录音,请回答下列问题:

1. 大佑和李知恩以前认识吗?
2. 在对话中,李知恩认识了谁?
3. 李知恩认识她高兴吗?
4. 他们去干什么?

四、写下你听到的句子：

1. _____。
2. _____。
3. _____。

第二部分　HSK 模拟试题

根据录音及问题，在 A、B、C、D 四个答案中选择唯一恰当的答案：

1. A. 您姓什么
   B. 您姓"贵"吗
   C. 您叫什么名字
   D. 您的姓是"贵"吗

2. A. 女的去上课
   B. 男的去上课
   C. 男的不去上课
   D. 男的和女的都去上课

3. A. 我的老师姓刘
   B. 我的老师是刘老师
   C. 刘老师不是我的老师
   D. 我的老师的姓是"刘"

4. A. 你好
   B. 我姓李
   C. 我是韩国人
   D. 我叫李知恩

5. A. 我姓刘
   B. 我叫刘
   C. 我贵姓刘
   D. 我是刘老师

6. A. 对,我是韩国人
   B. 是的,我是韩国人
   C. 不是,我是中国人
   D. 好的,我不是韩国人

7. A. 是的,你呢
   B. 对,我去上课
   C. 对,一起去吧
   D. 好的,我们走吧

8. A. 海伦,你好
   B. 海伦去上课
   C. 我不认识海伦
   D. 很高兴认识海伦

9. A. 你好吗
   B. 我去上课
   C. 我们一起去吧
   D. 很高兴认识你

10. A. 张明
    B. 大佑
    C. 海伦
    D. 不知道

第七课　最近学习忙吗

生词

1.	最近	（副）	zuìjìn	recently	요즘, 최근, 일간
2.	学习	（动）	xuéxí	to study	공부하다, 학습하다
3.	忙	（形）	máng	busy	바쁘다
4.	不	（副）	bù	not, no	부정을 표시함
5.	都	（副）	dōu	both, all	모두, 다
6.	有	（动）	yǒu	to have, there be	소유하다, 있다
7.	课	（名）	kè	class	수업, 강의
8.	精读	（名）	jīngdú	intensive reading	정독
9.	口语	（名）	kǒuyǔ	spoken language	회화
10.	和	（连）	hé	and, as well as	~과(와)
11.	听力	（名）	tīnglì	listening comprehension	듣기능력
12.	觉得	（动）	juéde	to think, to feel	~라도 느끼다, ~라고 여기다
13.	汉语	（名）	Hànyǔ	Chinese	중국어
14.	难	（形）	nán	difficult	어렵다
15.	有意思		yǒu yìsi	interesting	재미있다
16.	的	（助）	de	(structural particle)	~의, ~한
17.	怎么样	（代）	zěnmeyàng	how, what about	어떠하냐, 어떻게
18.	不错	（形）	búcuò	good	맞다, 좋다
19.	哪里		nǎli	not at all	천만에, 별말씀을, 어디, 어느 곳
20.	怎么	（代）	zěnme	how	어째서, 왜, 어떻게
21.	经验	（名）	jīngyàn	experience	경험
22.	多	（形）	duō	much, many	많다, 얼마나
23.	读	（动）	dú	to read	읽다, 공부하다
24.	课文	（名）	kèwén	text	본문

25.	听	（动）	tīng	to listen	듣다
26.	录音	（名）	lùyīn	recording	녹음
27.	看	（动）	kàn	to look, to watch	보다, (눈으로만)읽다
28.	电视	（名）	diànshì	television	텔레비전
29.	还	（副）	hái	still	또, 더, 아직도
30.	别的	（代）	biéde	anything else, other	다른 것, 딴 것
31.	方法	（名）	fāngfǎ	method	방법, 수단, 방식
32.	常常	（副）	chángcháng	often	항상, 늘, 언제나
33.	聊天儿	（动）	liáo tiānr	to chat	한담하다, 잡담하다

练习

第一部分 以下是根据第一段课文的问题

一、连续听两遍录音，边听边填空：

1. 李知恩，你好！____学习忙吗？
2. 你们都有____课？
3. 你觉得汉语____吗？
4. 我觉得精读很难，口语和听力____难，很有____。
5. 你们的老师____样？

二、再听一遍录音，判断正误：

1. 李知恩最近学习不是很忙。（ ）
2. 李知恩有精读课和口语课，没有听力课。（ ）
3. 李知恩觉得精读和听力很难。（ ）
4. 李知恩觉得口语和听力没有意思。（ ）

三、再听一遍录音，请回答下列问题：

1. 李知恩最近学习忙吗？
2. 李知恩都有什么课？

3. 李知恩觉得汉语难吗？什么课难？什么课不难？
4. 李知恩的老师怎么样？

四、写下你听到的句子：

1. _____。
2. _____。
3. _____。

第二部分　以下是根据第二段课文的问题

一、连续听两遍录音，边听边填空：

1. 知恩，你的汉语____。
2. 你怎么学习汉语？____一下儿经验吧！
3. 要多____课文，多____录音，多____中国的电视。
4. 还有____方法吗？
5. 我还____和中国人聊天儿。

二、再听一遍录音，判断正误：

1. 李知恩的汉语很好。（　）
2. 李知恩经常和她的韩国朋友聊天儿。（　）
3. 男的不知道学习汉语的好方法。（　）
4. 李知恩还经常听中国音乐，看中国电视。（　）

三、再听一遍录音，请回答下列问题：

1. 男的和女的在聊什么？
2. 女的怎么学习汉语？
3. 女的还有别的方法吗？
4. 请你谈一谈学习汉语都有哪些方法。

四、写下你听到的句子：

1. _____。
2. _____。
3. _____。

第二部分 HSK 模拟试题

根据录音及问题，在 A、B、C、D 四个答案中选择唯一恰当的答案：

1. A. 我最近很好
   B. 我最近很忙
   C. 我觉得很好
   D. 我最近很不好

2. A. 我觉得汉语难
   B. 我觉得汉语很难
   C. 我觉得汉语不难
   D. 我有精读课和口语课

3. A. 她问男的在哪儿
   B. 她说自己的汉语不好
   C. 她不知道自己的汉语哪里好
   D. 她不知道自己的汉语哪里错了

4. A. 精读
   B. 听力
   C. 口语
   D. 精读和听力

5. A. 李知恩没有听力课
   B. 李知恩最近学习很忙
   C. 李知恩有精读课和听力课
   D. 李知恩有精读课和口语课

6. A. 海伦不是美国人
   B. 海伦的汉语很好
   C. 海伦没有学习汉语
   D. 海伦的汉语说错了

7. A. 朴大佑有两个老师，都不错
   B. 朴大佑有三个老师，都很好
   C. 朴大佑有三个老师，都不好
   D. 朴大佑有四个老师，都很好

8. A. 很好
   B. 不错
   C. 很不好
   D. 很不错

9. A. 他不常常和老师聊天儿
   B. 他觉得和老师聊天很有意思
   C. 他常常觉得聊天儿没有意思
   D. 他觉得和老师聊天儿没有意思

10. A. 多读课文
    B. 多看电视
    C. 多听录音
    D. 常常和中国人聊天儿

第八课　你没有兄弟姐妹吗

生词

1.	家	（名）	jiā	family	가정, 집
2.	一共	（副）	yígòng	altogether	모두, 전부
3.	几	（代）	jǐ	how many	몇
4.	口	（量）	kǒu	(a measure word for people in a family)	입, 식구(사람을 셀때 쓰임)
5.	六	（数）	liù	six	6, 여섯
6.	爸爸	（名）	bàba	father	아빠, 아버지
7.	妈妈	（名）	māma	mother	엄마, 어머니
8.	两	（数）	liǎng	two	2, 둘
9.	个	（量）	gè	(measure word)	개, 명, 사람
10.	姐姐	（名）	jiějie	elder sister	누나, 언니
11.	一	（数）	yī	one	1, 하나
12.	弟弟	（名）	dìdi	younger brother	아우, 남동생
13.	真	（副、形）	zhēn	really; real	정말, 참으로
14.	没	（副）	méi	no, not	없다, ~않다
15.	兄	（名）	xiōng	elder brother	형
16.	啊	（助）	ā	(modal particle)	경이, 찬탄을 나타냄
17.	里	（名）	lǐ	inside	안, 속, 가운데
18.	只	（副）	zhǐ	only	단 하나의, 단독의
19.	孩子	（名）	háizi	child, children	아이, 자녀, 자식
20.	那	（代）	nà	then, in that case	그러면, 그렇다면, 저것, 그것
21.	当	（动）	dāng	to serve as	~이 되다, 상당하다
22.	妹妹	（名）	mèimei	younger sister	누이 동생
23.	全	（副）	quán	whole	전체의, 전부
24.	合影	（名）	héyǐng	group photo	단체 사진
25.	漂亮	（形）	piàoliang	beautiful	아름답다, 보기 좋다, 훌륭하다

26.	谢谢	（动）	xièxie	to thank	감사합니다
27.	谁	（代）	shuí	who	누구, 아무
28.	哥哥	（名）	gēge	elder brother	형, 오빠
29.	嫂子	（名）	sǎozi	elder brother's wife	형수, 아주머니

第一部分 以下是根据第一段课文的问题

一、连续听两遍录音，边听边填空：

1. 你家＿＿有几＿＿人？
2. 你有两个＿＿，还有一个＿＿！
3. 你＿＿兄弟姐妹吗？
4. 是啊。我家里＿＿我一个＿＿。
5. 那我＿＿你的"＿＿"吧！

二、再听一遍录音，判断正误：

1. 男的家里有六口人。（ ）
2. 女的有一个姐姐、一个妹妹和一个弟弟。（ ）
3. 男的家里只有一个人。（ ）
4. 女的真的是男的的妹妹。（ ）

三、再听一遍录音，请回答下列问题：

1. 女的家里一共有几口人？
2. 女的家里都有哪些人？
3. 为什么男的说"真好！"？
4. 你知道中国家庭一般有几个孩子吗？

四、写下你听到的句子：

1. _____。
2. _____。
3. _____。

第二部分 以下是根据第二段课文的问题

一、连续听两遍录音,边听边填空:

1. 知恩,____我全家的____吧!
2. 这是你____吧?
3. 她真____!
4. 这两____是____?
5. 他们是我____和嫂子。

二、再听一遍录音,判断正误:

1. 他们在看女的全家人的照片。（　）
2. 男的的妈妈很漂亮。（　）
3. 男的有哥哥。（　）
4. 男的的哥哥还没有结婚。（　）

三、再听一遍录音,请回答下列问题:

1. 录音中的男的和女的在干什么?
2. 照片上的妈妈长得怎么样?
3. 照片上都有哪些人?
4. 男的的哥哥结婚了吗?

四、写下你听到的句子:

1. _____。
2. _____。
3. _____。

第三部分 HSK 模拟试题

根据录音及问题,在 A、B、C、D 四个答案中选择唯一恰当的答案:

1. A. 一个
   B. 两个
   C. 三个
   D. 四个

2. A. 高兴
   B. 生气
   C. 满意
   D. 羡慕

3. A. 我是你的妹妹
   B. 我是你的姐姐
   C. 我做你的妹妹
   D. 我不做你的妹妹

4. A. 弟弟的妻子
   B. 哥哥的妻子
   C. 姐姐的丈夫
   D. 妹妹的丈夫

5. A. 四口人
   B. 五口人
   C. 六口人
   D. 七口人

6. A. 这是我的弟弟
   B. 我只有一个妹妹
   C. 我有妈妈和爸爸
   D. 我的姐姐很漂亮

7. A. 这是我的姐姐
   B. 这不是我的姐姐
   C. 我的妹妹很漂亮
   D. 我的妹妹学习不错

8. A. 谢谢
   B. 没关系
   C. 哪里,哪里
   D. 是啊,她喜欢学汉语

9. A. 公司
   B. 学校
   C. 医院
   D. 工厂

10. A. 我
    B. 小王
    C. 小李
    D. 不知道

第九课　你是哪国人

生词

1.	呢	（助）	ne	(modal particle)	~는요?(의문의 어기를 나타냄)
2.	来	（动）	lái	to come	오다, 하다
3.	以前	（名）	yǐqián	formerly	이전, 과거
4.	学生	（名）	xuésheng	student	학생
5.	大学生	（名）	dà xuéshēng	undergraduate student	대학생
6.	经济	（名）	jīngjì	economy	경제
7.	在	（介）	zài	to be at (in), in, at	~에서
8.	银行	（名）	yínháng	bank	은행
9.	工作	（动、名）	gōngzuò	to work, job	일, 업무, 일하다, 노동하다
10.	听说	（动）	tīngshuō	it is said, hear about	듣자니 ~라 한다
11.	女儿	（名）	nǚ'ér	daughter	딸
12.	今年	（名）	jīnnián	this year	올해, 금년
13.	多大		duō dà	how old	(나이가)얼마인가, 어느 정도의
14.	十八	（数）	shíbā	eighteen	18. 열여덟
15.	岁	（量）	suì	years old	살, 세(나이)
16.	高中生	（名）	gāozhōngshēng	student of senior high school	고교생
17.	上	（动）	shàng	to go to, to have	공부하다, 학교에다니다
18.	年级	（名）	niánjí	grade	학년
19.	三	（数）	sān	three	3, 셋
20.	考	（动）	kǎo	to give (or to take) an examination	시험치다
21.	大学	（名）	dàxué	college, university	대학
22.	一定	（副）	yídìng	certainly	반드시, 꼭

23.	每天		měi tiān	everyday	매일
24.	晚上	(名)	wǎnshang	night	저녁, 밤
25.	才	(副)	cái	just	~에야 비로소, 겨우
26.	睡觉	(动)	shuì jiào	to go to bed	잠자다

专 名		PROPER NOUN	고유명사
1. 罗伯特	Luóbótè	name of a person	로버트(인명)
2. 美国	Měiguó	the United States of America	미국
3. 德国	Déguó	Germany	독일

第一部分 以下是根据第一段课文的问题

一、连续听两遍录音,边听边填空:

1. 请问你叫什么____?
2. 你是____人?
3. 来中国____,你是____吗?
4. 对,我是大学生,我学习____。
5. 来中国以前,我在____工作。

二、再听一遍录音,判断正误:

1. 海伦和罗伯特以前不认识。( )
2. 罗伯特是美国人。( )
3. 罗伯特来中国以前不是学生。( )
4. 海伦来中国以前不是大学生。( )

三、再听一遍录音,请回答下列问题:

1. 说话的一共有几个人?他们都叫什么名字?
2. 用自己的话介绍海伦的情况。
3. 用自己的话介绍罗伯特的情况。

4. 用自己的话介绍你或你的朋友的名字、国籍、职业等。

四、写下你听到的句子：

1. _____。
2. _____。
3. _____。

第二部分 以下是根据第二段课文的问题

一、连续听两遍录音,边听边填空：

1. 刘老师,我听说您有一个____。
2. 她____多大了?
3. 她上几____?
4. 那她学习____很忙吧?
5. 是啊,她每天晚上很晚才____!

二、再听一遍录音,判断正误：

1. 刘老师有一个儿子。( )
2. 刘老师的孩子今年18岁。( )
3. 刘老师的孩子已经考上大学了。( )
4. 刘老师的孩子每天学习很忙。( )

三、再听一遍录音,请回答下列问题：

1. 刘老师的孩子今年多大?
2. 刘老师的孩子今年上几年级?
3. 刘老师的孩子每天什么时候睡觉?
4. 请谈谈你们国家考大学难不难,考试以前学习忙吗?

四、写下你听到的句子：

1. _____。
2. _____。
3. _____。

第三部分 HSK 模拟试题

根据录音及问题,在 A、B、C、D 四个答案中选择唯一恰当的答案:

1. A. 她是德国人
   B. 她是美国人
   C. 她是韩国人
   D. 她是法国人

2. A. 她在初中上学
   B. 她在高中上学
   C. 她在大学上学
   D. 她在小学上学不知道

3. A. 她是高中生
   B. 她不想考大学
   C. 她今年不考大学
   D. 她上大学三年级

4. A. 她睡觉很早
   B. 她睡觉很晚
   C. 她睡觉不是很晚
   D. 她睡觉的时间很长

5. A. 罗伯特不是德国人
   B. 罗伯特在中国的银行工作
   C. 罗伯特来中国以前是学生
   D. 罗伯特来中国以前不是学生

6. A. 她还没学习汉语
   B. 她在美国学习汉语
   C. 她一年以前学习汉语
   D. 她来中国以后学习汉语

7. A. 李老师有一个儿子
   B. 李老师的女儿今年十三岁了
   C. 李老师有一个女儿,今年三岁了
   D. 李老师有一个女儿,今年十岁了

8. A. 美国人
   B. 日本人
   C. 德国人
   D. 韩国人

9. A. 刘老师有一个女儿
   B. 刘老师的女儿是大学生
   C. 刘老师的女儿要考大学
   D. 刘老师的女儿在上高中

10. A. 她什么也没做
    B. 她在学习经济
    C. 她在忙着考大学
    D. 不知道女的在做什么

第十课　今天几月几号

生词

1.	今天	（名）	jīntiān	today	오늘
2.	月	（名）	yuè	month	월, 달
3.	号	（名）	hào	date	일
4.	星期四	（名）	xīngqīsì	Thursday	목요일
5.	昨天	（名）	zuótiān	yesterday	어제
6.	星期五	（名）	xīngqīwǔ	Friday	금요일
7.	明天	（名）	míngtiān	tomorrow	내일
8.	周末	（名）	zhōumò	weekend	주말
9.	打算	（名）	dǎsuàn	plan	~하려고 하다, 계획하다
10.	上午	（名）	shàngwǔ	morning	오전
11.	下午	（名）	xiàwǔ	afternoon	오후
12.	点	（名）	diǎn	o'clock, hour	시
13.	半	（名）	bàn	half	30분, 반
14.	要	（助动、动）	yào	shall	~하려고 하다, 요구하다, 중요하다
15.	足球	（名）	zúqiú	football, soccer	축구
16.	比赛	（名）	bǐsài	match	시합
17.	喂	（叹）	wèi	hello	여보세요
18.	就	（副）	jiù	right	바로, 곧
19.	事	（名）	shì	matter, event	일
20.	下	（名）	xià	next	다음, 아래
21.	星期二	（名）	xīngqī'èr	Tuesday	화요일
22.	生日	（名）	shēngrì	birthday	생일
23.	想	（助动、动）	xiǎng	to want	~하고 싶다, 생각하다
24.	请	（动）	qǐng	to invite	초대하다
25.	吃	（动）	chī	to eat	먹다, 식사하다
26.	晚饭	（名）	wǎnfàn	supper	저녁식사

27.	太……了		tài...le	too, extremely	아주...하다
28.	宿舍	(名)	sù shè	dormitory	숙사, 기숙사
29.	见	(动)	jiàn	to meet with to see	만나다

专 名		PROPER NOUN	고유명사
1.	张明	Zhāng Míng (name of a person)	장명(인명)

第一部分 以下是根据第一段课文的问题

一、连续听两遍录音，边听边填空：

1. ＿＿星期四，＿＿是星期五！
2. 明天是＿＿，你有什么＿＿？
3. ＿＿学习，＿＿在宿舍看电视。
4. 明天＿＿九点半我要去＿＿足球比赛。

二、再听一遍录音，判断正误：

1. 今天是八月十六号。（ ）
2. 明天是星期天。（ ）
3. 女的明天上午看电视，下午学习。（ ）
4. 男的周末九点去看足球比赛。（ ）

三、再听一遍录音，请回答下列问题：

1. 今天是几月几号？
2. 明天是星期几？
3. 明天女的有什么打算？
4. 明天男的要去干什么？

四、写下你听到的句子：

1. _____。
2. _____。
3. _____。

第二部分　以下是根据第二段课文的问题

一、连续听两遍录音，边听边填空：

1. ____，请问张明____吗？
2. 下星期二是我的____，我想____你和大佑一起吃____，好吗？
3. 太好了！____你，我____去。
4. 那____六点你____我的宿舍，怎么样？

二、再听一遍录音，判断正误：

1. 知恩去张明的宿舍找他。（　）
2. 下星期二是大佑的生日。（　）
3. 知恩要请张明一起吃饭。（　）
4. 张明不想去吃饭。（　）

三、再听一遍录音，请回答下列问题：

1. 录音中的男的和女的在干什么？
2. 什么时候是女的的生日？
3. 女的有什么打算？
4. 男的想和女的一起吃饭吗？

四、写下你听到的句子：

1. _____。
2. _____。
3. _____。

第三部分 HSK 模拟试题

根据录音及问题,在 A、B、C、D 四个答案中选择唯一恰当的答案:

1. A. 六月十六号
   B. 六月十八号
   C. 六月十九号
   D. 六月二十号

2. A. 在教室上课
   B. 在宿舍学习
   C. 在教室看电视
   D. 在宿舍看电视

3. A. 女的想请男的吃饭
   B. 女的只请大佑吃饭
   C. 女的的生日是星期二
   D. 女的的生日在下个星期

4. A. 聊天儿
   B. 打电话
   C. 买东西
   D. 一起吃饭

5. A. 两点半
   B. 两点一刻
   C. 两点四十
   D. 差五分两点

6. A. 明天见吧
   B. 我一定很忙
   C. 我没什么打算
   D. 太好了,谢谢你

7. A. 11 岁
   B. 17 岁
   C. 20 岁
   D. 27 岁

8. A. 5 月
   B. 6 月
   C. 7 月
   D. 8 月

9. A. 7 点
   B. 9 点
   C. 10 点
   D. 8 点半

10. A. 4:00
    B. 8:00
    C. 10:00
    D. 14:00

第十一课　我有两张电影票

生词

1.	张	（量）	zhāng	piece	종이 등을 세는 단위
2.	电影	（名）	diànyǐng	film	영화
3.	票	（名）	piào	ticket	표
4.	可是	（连）	kěshì	but, however	그러나, 그런데
5.	座位	（名）	zuòwèi	seat	좌석, 자리
6.	有点儿		yǒudiǎnr	a little, slightly	조금, 약간
7.	靠	（动）	kào	stand by the side of	기대다, 근접하다
8.	后	（名）	hòu	back	뒤, 후
9.	排	（名）	pái	line	열, 줄
10.	没问题		méi wèntí	no problem	문제없다, 괜찮다
11.	能	（助动）	néng	can	~할 수 있다
12.	清楚	（形）	qīngchǔ	clear	분명하다, 맑다
13.	第		dì	(used to form ordinal numbers)	제(수사 앞에서 차례의 몇째를 가리킴)
14.	次	（量）	cì	time (measure word)	번, 회수, 순서
15.	开始	（动）	kāishǐ	to begin	시작하다
16.	刻	（名）	kè	a quarter	15분
17.	楼	（名）	lóu	building	층집
18.	门口	（名）	ménkǒu	entrance, doorway	입구, 현관
19.	好的		hǎode	good	좋아, 좋다
20.	找	（动）	zhǎo	to look for	찾다, 찾아가다
21.	经理	（名）	jīnglǐ	manager	기업의 책임자, 지배인, 경영자
22.	这儿	（代）	zhèr	here	여기
23.	了	（助）	le	(modal particle)	동사, 형용사 뒤에서 동작 또는 변화가 이미 완료되었음을 나타내는 어조사

24.	单元	（名）	dānyuán	unit	(빌딩의)입구에 붙이는 단위(에: 二号楼三单元102 중 세 번째 입구를 三单元이라고함)
25.	对不起		duìbuqǐ	sorry	미안합니다
26.	地址	（名）	dìzhǐ	address	주소, 소재지
27.	没关系		méi guānxi	never mind	괜찮다, 문제없다

专名		PROPER NOUN	고유명사
1.	《朋友》	Péngyou	name of a film	《친구》(영화 제목)
2.	王	Wáng	surname	왕 씨(성씨)

第一部分 以下是根据第一段课文的问题

一、连续听两遍录音，边听边填空：

1. 我有_____明天的电影票，你_____去看吗？
2. _____了！什么电影？
3. 听说很有意思，可是_____有点儿靠后。
4. 这是我_____在中国看电影。
5. 我们_____在宿舍楼门口见吧！

二、听一遍录音，判断正误：

1. 男的有两张后天的电影票。（ ）
2. 那个电影的名字是《朋友》。（ ）
3. 这是女的第二次在中国看电影。（ ）
4. 他们看下午五点一刻的电影。（ ）

三、再听一遍录音，请回答下列问题：

1. 男的有几张电影票？是什么时候的票？
2. 他们看什么电影？那个电影怎么样？

3. 他们的座位在哪儿？

4. 他们明天几点见面？在哪儿见面？

四、写下你听到的句子：

1. _____。

2. _____。

3. _____。

第二部分　以下是根据第二段课文的问题

一、连续听两遍录音，边听边填空：

1. 请问你_____谁？

2. 王经理在_____吗？

3. 这儿没有王经理，你找_____了吧。

4. 这不是_____号楼_____单元_____吗？

5. 我看看_____。（打开纸条）我看错了，真对不起！

二、再听一遍录音，判断正误：

1. 男的要找张经理。（　）

2. 男的现在在9号楼。（　）

3. 王经理的家在9号楼3单元202。（　）

4. 女的很不高兴，因为男的找错了。（　）

三、再听一遍录音，请回答下列问题：

1. 说话的两个人现在在哪儿？

2. 男的为什么找错了？

3. 王经理的家在哪儿？

4. 女的家在哪儿？

四、写下你听到的句子：

1. _____。

2. _____。

3. _____。

第三部分 HSK 模拟试题

根据录音及问题,在 A、B、C、D 四个答案中选择唯一恰当的答案:

1. A. 吃惊
   B. 高兴
   C. 感动
   D. 生气

2. A. 说话人没有想问的问题
   B. 说话人不知道能不能看清楚
   C. 说话人觉得有问题,看不清楚
   D. 说话人觉得没关系,能看清楚

3. A. 说话人不知道这是哪里
   B. 说话人觉得这是 6 号楼 3 单元 202
   C. 说话人觉得这不是 6 号楼 3 单元 202
   D. 说话人知道这不是 6 号楼 3 单元 202

4. A. 说话人有四张电影票
   B. 说话人的电影票是明天的
   C. 说话人今天可能和爸爸妈妈去看电影
   D. 说话人不想和爸爸妈妈一起去看电影

5. A. 上午五点三分
   B. 下午三点五分
   C. 上午五点四十五分
   D. 下午五点四十五分

6. A. 这个电影是今天的
   B. 说话人不想去看电影
   C. 说话人在请朋友一起看电影
   D. 说话人想一个人去,不想和朋友一起去

7. A. 十号楼
   B. 四号楼
   C. 十四号楼
   D. 四十号楼

8. A. 一次
   B. 两次
   C. 三次
   D. 不知道

9. A. 这是刘老师的家
   B. 这不是刘老师的家
   C. 你找的地址没有错
   D. 刘老师的家就在这儿

10. A. 他们可能要看电影
    B. 女的觉得座位有点儿靠前
    C. 男的找到了第六排二十一号
    D. 男的不知道第六排二十一号在哪儿

第十二课　我想去泉城书店

生词

1.	书店	（名）	shūdiàn	bookstore	서점
2.	哪儿	（代）	nǎr	where	어디, 어느 곳
3.	植物园	（名）	zhíwùyuán	botanical garden	식물원
4.	附近	（名）	fùjìn	nearby	부근, 근처
5.	坐	（动）	zuò	to sit, to take a seat	타다, 앉다
6.	路	（名）	lù	route, way	노선(운송기관의), 번(버스 노선), 길, 도로
7.	公共汽车		gōnggòng qìchē	bus	버스
8.	到	（动）	dào	to go to	도착하다, 이르다
9.	那儿	（代）	nàr	there	그곳
10.	下车		xià chē	to get off the bus	하차하다, 내리다
11.	以后	（名）	yǐhòu	afterwards	이후
12.	走	（动）	zǒu	to walk	가다, 걷다
13.	往	（介）	wǎng	to, towards	~쪽으로, ~을 향해
14.	北	（名）	běi	north	북, 북쪽
15.	路口	（名）	lùkǒu	crossing	길목, 갈림길
16.	右	（名）	yòu	right	오른쪽, 우측
17.	拐	（动）	guǎi	to turn	방향을 돌리다
18.	马路	（名）	mǎlù	street	대로, 큰길, 한길
19.	左边	（名）	zuǒbiān	left side	왼쪽, 좌측
20.	不客气		bú kèqi	not at all	천만에요, 원 별말씀을요, 사양하지 마세요
21.	大	（形）	dà	big	크다,
22.	卧室	（名）	wòshì	bedroom	침실
23.	厨房	（名）	chúfáng	kitchen	부엌, 주방

24.	卫生间	（名）	wèishēngjiān	toilet	화장실, 세면장
25.	客厅	（名）	kètīng	living room	응접실, 객실
26.	周围	（名）	zhōuwéi	around, all around	주위, 사방
27.	环境	（名）	huánjìng	environment	환경, 주위 상황
28.	非常	（副）	fēicháng	very	대단히, 심히, 대단한, 특별한
29.	安静	（形）	ānjìng	quiet	조용하다, 평온하다
30.	小	（形）	xiǎo	small	작다, 좁다
31.	公园	（名）	gōngyuán	park	공원

	专 名		PROPER NOUN	고유명사
1.	泉城书店	Quánchéng Shūdiàn	name of bookshop	천성서점
2.	70路	Qīshí Lù	70th road	70번(버스)
3.	王玲	Wáng Líng	(name of a person)	왕령(인명)

练习

第一部分 以下是根据第一段课文的问题

一、连续听两遍录音，边听边填空：

1. 我____去泉城书店，____不太____在哪儿。
2. 泉城书店在植物园的____。
3. ____几路公共汽车____到植物园呢？
4. 往____走，第一个路口____拐，马路____就是。

二、再听一遍录音，判断正误：

1. 女的要去一个商店。（　　）
2. 女的不知道泉城书店在哪儿。（　　）
3. 坐70路公共汽车可以去书店。（　　）
4. 书店离植物园很远。（　　）

三、再听一遍录音，请回答下列问题：

1. 女的要去什么地方？她知道那个地方怎么去吗？

2. 书店离植物园远吗？

3. 怎么去植物园？

4. 坐 70 路下车以后怎么去书店？

四、写下你听到的句子：

1. _____。
2. _____。
3. _____。

第二部分　以下是根据第二段课文的问题

一、连续听两遍录音，边听边填空：

1. 昨天我____了王玲的____。

2. 不太____，可是很____。

3. 她家____的____怎么样？

4. 不错，非常____，附近还有个小____。

二、再听一遍录音，判断正误：

1. 今天女的去了王玲的家。（　）
2. 王玲的家很大很漂亮。（　）
3. 王玲家周围的环境不好。（　）
4. 离王玲家不远的地方有一个小公园。（　）

三、听两遍录音，请回答下列问题：

1. 今天女的去哪儿了？
2. 王玲的家怎么样？
3. 王玲的家里有几个房间？
4. 她家周围的环境怎么样？

四、写下你听到的句子：

1. _____。
2. _____。
3. _____。

第三部分 HSK 模拟试题

根据录音及问题,在 A、B、C、D 四个答案中选择唯一恰当的答案:

1. A. 问路
   B. 买书
   C. 聊天儿
   D. 看植物

2. A. 马路南边
   B. 马路北边
   C. 马路左边
   D. 马路右边

3. A. 厨房
   B. 卧室
   C. 书房
   D. 客厅

4. A. 小王的前边
   B. 小王的旁边
   C. 说话人的前边
   D. 说话人的后边

5. A. 书店里
   B. 银行里
   C. 书店门口
   D. 银行外边

6. A. 往南走,右拐
   B. 植物园没有意思
   C. 对不起,我不太清楚
   D. 一直往前走,马路左边就是

7. A. 不可以
   B. 没问题
   C. 没错儿
   D. 不客气

8. A. 王玲的家真漂亮
   B. 王玲家有一个女儿
   C. 王玲家在银行附近
   D. 坐70路可以到王玲家

9. A. 不谢
   B. 不客气
   C. 没关系
   D. 没什么

10. A. 很远
    B. 太远了
    C. 不太远
    D. 不清楚

第十三课 橘子多少钱一斤

生词

1.	橘子	（名）	júzi	orange	귤
2.	多少	（代）	duōshao	how much, how many	얼마
3.	钱	（名）	qián	money	돈, 값, 대금
4.	斤	（量）	jīn	jin (unit of weight)	근, 무게 단위
5.	块	（量）	kuài	(unit of currency)	(중국의 화폐 단위)1원
6.	可以	（助动）	kěyǐ	can	~할 수 있다, ~해도 좋다
7.	便宜	（形）	piányi	cheap	(값이)싸다, 값을 깎다, 할인하다
8.	一点儿		yìdiǎnr	a bit, a little	조금
9.	甜	（形）	tián	sweet	달다, 달콤하다
10.	尝	（动）	cháng	to taste	맛보다
11.	酸	（形）	suān	sour	시다, 새콤하다
12.	买	（动）	mǎi	to buy	사다, 구입하다
13.	条	（量）	tiáo	(measure word)	가늘고 긴 물건 등을 세는 단위
14.	裙子	（名）	qúnzi	skirt	치마, 스커트
15.	挺	（副）	tǐng	very	매우, 대단히
16.	商场	（名）	shāngchǎng	department, mall	상가, 백화점
17.	一百六十	（数）	yìbǎi liùshí	one hundred and sixty	160
18.	给	（动）	gěi	to give	주다
19.	女	（名）	nǚ	woman, female	여자
20.	件	（量）	jiàn	(measure word)	옷등을 세는 양사
21.	穿	（动）	chuān	to wear	(옷을)입다, (신발, 양말을)신다
22.	小号	（形）	xiǎohào	(small size [of clothes, etc.])	작은 사이즈

23.	中号	（形）	zhōnghào	medium size	중간 사이즈
24.	大号	（形）	dàhào	big size	큰 사이즈
25.	颜色	（名）	yánsè	color	색채, 색,
26.	喜欢	（动）	xǐhuān	to like	좋아하다, 사랑하다
27.	白色	（名）	báisè	white	흰색
28.	蓝色	（名）	lánsè	blue	남색

第一部分 以下是根据第一段课文的问题

一、连续听两遍录音,边听边填空：

1. 橘子多少钱_____？
2. 太_____了！可以_____一点儿吗？
3. 我的橘子很甜,你_____吧！
4. _____酸,我_____买一点儿,一块六一斤吧！
5. 好吧！你_____几斤？

二、再听一遍录音,判断正误：

1. 橘子不太甜。（ ）
2. 女的觉得橘子很便宜。（ ）
3. 小贩不让女的尝橘子。（ ）
4. 女的最后买了三斤橘子。（ ）

三、再听一遍录音,请回答下列问题：

1. 小贩说一斤橘子多少钱？
2. 女的可以尝橘子吗？
3. 橘子味道怎么样？
4. 女的买了几斤？一共花了多少钱？

四、写下你听到的句子：

1. _____。
2. _____。
3. _____。

第二部分 以下是根据第二段课文的问题

一、连续听两遍录音，边听边填空：

1. 你这条裙子____漂亮____，在哪儿买的？
2. 这是在学校____的一家商场里买的。
3. ____便宜。我____给我女朋友买一件。
4. 还有别的____吗？
5. 裙子有____和____的，你可以去看看。

二、再听一遍录音，判断正误：

1. 海伦买了两条裙子。（　）
2. 那条裙子180块钱。（　）
3. 海伦穿小号的裙子。（　）
4. 男的想给他的妹妹买条裙子。（　）

三、再听一遍录音，请回答下列问题：

1. 海伦在哪儿买的裙子？多少钱？
2. 海伦买了多大号的裙子？
3. 男的女朋友喜欢什么颜色？
4. 裙子都有什么颜色？男的可能买什么颜色的裙子？

四、写下你听到的句子：

1. _____。
2. _____。
3. _____。

第二部分　HSK 模拟试题

根据录音及问题，在 A、B、C、D 四个答案中选择唯一恰当的答案：

1. A. 商场
   B. 市场
   C. 学校
   D. 银行

2. A. 两块钱一斤真贵
   B. 两块钱一斤不贵
   C. 两块钱一斤贵吗
   D. 两块钱一斤还是一块钱一斤

3. A. 他的橘子不甜，所以他不要钱
   B. 他的橘子很甜，所以他让别人尝
   C. 他的橘子不甜，所以他不让别人尝
   D. 他的橘子很甜，所以他不让别人尝

4. A. 她觉得她买得很晚
   B. 她觉得一百六十块钱很贵
   C. 她觉得一百六十块钱很便宜
   D. 她觉得一百六十块钱有点儿贵

5. A. 不知道
   B. 太贵了，他一定不买
   C. 橘子很便宜，他一定买
   D. 橘子便宜一点儿他就买

6. A. 小号
   B. 中号
   C. 大号
   D. 不知道

7. A. 他觉得这本书不太好
   B. 他觉得这本书很好，应该买
   C. 他觉得这本书很便宜，应该买
   D. 他觉得这本书很贵，但是应该买

8. A. 白色
   B. 红色
   C. 蓝色
   D. 黑色

9. A. 她问橘子三斤多少钱
   B. 她问橘子一斤是三块钱吗
   C. 她觉得橘子三块钱一斤很便宜
   D. 她觉得橘子三块钱一斤不便宜

10. A. 男的觉得女的的裙子不好
    B. 男的问女的这条裙子多少钱
    C. 女的的裙子是在商场附近买的
    D. 男的觉得女的的裙子颜色很漂亮

第十四课　你们饭店有什么特色菜

生词

1.	小姐	（名）	xiǎojiě	Miss	아가씨, 양, 미스
2.	菜单	（名）	càidān	menu	식단, 메뉴
3.	点	（动）	diǎn	order dishes	주문하다, 지정하다
4.	菜	（名）	cài	dish	요리, 반찬
5.	饭店	（名）	fàndiàn	restaurant	호텔, 레스토랑, 식당
6.	特色	（名）	tèsè	characteristic	특색, 특징
7.	味道	（名）	wèidào	taste	맛, 느낌, 흥미
8.	正在	（副）	zhèngzài	in the midst of	마침(~하고 있는 중이다)
9.	减肥		jiǎn féi	be on a diet	체중을 줄이다, 다이어트하다
10.	肉	（名）	ròu	meat	고기, 살
11.	来	（动）	lái	to want	구체적인 동작 동사 앞에 쓰임
12.	再	（副）	zài	more	다시, ~하고 나서, ~하고 난 뒤에
13.	碗	（名）	wǎn	bowl	공기 그릇 등을 세는 단위
14.	米饭	（名）	mǐfàn	rice	쌀밥
15.	好吃	（形）	hǎochī	delicious	맛있다, 맛나다
16.	不过	（连）	búguò	but	그런데, 그러나
17.	咸	（形）	xián	salty	(맛이)짜다
18.	还可以		hái kěyǐ	just ok	그런대로, 괜찮다
19.	南方	（名）	nánfāng	south	남쪽, 남방
20.	习惯	（名、动）	xíguàn	be used to	습관, 버릇, 습성
21.	父母	（名）	fùmǔ	parents	부모
22.	现在	（名）	xiànzài	now	지금, 현재
23.	又	（副）	yòu	again	또, 다시, 또한
24.	嗯	（叹）	ǹg	(modal particle)	응!(승낙을 나타냄)

25. 道理　　（名）　dàoli　　reason　　일리, 이치, 도리

专　名		PROPER NOUN	고유명사
1.	鱼香肉丝	Yúxiāngròusī (name of a Chinese dish)	위샹로우쓰(중국요리명)
2.	西红柿炒鸡蛋	Xīhóngshìchǎo jīdàn (name of a Chinese dish)	토마토 계란 볶음
3.	山东	Shāndōng (name of a province)	중국산동(지명)
4.	上海	Shànghǎi (name of a city)	중국 상해(지명)

第一部分　以下是根据第一段课文的问题

一、连续听两遍录音,边听边填空:

1. 小姐,这是菜单,请_____菜。
2. 请问,你们_____有什么特色菜?
3. 我们饭店的鱼香肉丝_____不错。
4. 我正在减肥,不想吃_____。
5. 好吧,来个西红柿炒鸡蛋吧,再来一碗_____。

二、再听一遍录音,判断正误:

1. 男的和女的是好朋友。（　）
2. 这家饭店最好吃的菜是西红柿炒鸡蛋。（　）
3. 男的觉得鱼香肉丝很好吃。（　）
4. 女的身体不好,所以不想吃肉。（　）
5. 女的要了菜,还要了米饭。（　）

三、再听一遍录音,请回答下列问题:

1. 这段对话发生在哪儿?
2. 这家饭店的特色菜是什么?
3. 女的为什么不想吃肉?

4. 男的说了几个菜的名字？是什么？
5. 这顿饭女的都吃了些什么？

四、写下你听到的句子：

1. _____。
2. _____。
3. _____。

第二部分 以下是根据第二段课文的问题

一、连续听两遍录音，边听边填空：

1. 很好吃，不过有点儿_____。
2. 我尝尝。我觉得还可以，你们南方人不_____吃太咸的菜。
3. 我哪儿是南方人？我_____都是山东人。
4. 你在上海上的大学，_____又在那儿工作，也可以说是半个南方人吧。
5. 嗯，有_____。

二、再听一遍录音，判断正误：

1. 男的觉得这个菜不错，就是有点儿咸。（　）
2. 女的习惯吃咸的菜。（　）
3. 男的不是北方人。（　）
4. 在中国，北方人比南方人吃的菜甜。（　）
5. 男的在南方上了大学。（　）

三、再听一遍录音，请回答下列问题：

1. 男的和女的在干什么？
2. 男的觉得这个菜怎么样？
3. 女的觉得男的是哪儿人？
4. 男的的家乡在哪里？
5. 男的现在在哪里生活？

四、写下你听到的句子：

1. _____。
2. _____。
3. _____。

第三部分 HSK 模拟试题

根据录音及问题,在 A、B、C、D 四个答案中选择唯一恰当的答案:

1. A. 她喜欢味道特别的菜
   B. 她喜欢颜色漂亮的菜
   C. 她想吃的菜名字叫特色
   D. 她想吃这家饭店最好吃的菜

2. A. 他们饭店不错
   B. 他们饭店不好
   C. 他们饭店的鱼香肉丝很好吃
   D. 他们饭店的鱼香肉丝不好吃

3. A. 菜很咸,不好吃
   B. 菜不咸,也不好吃
   C. 菜很好吃,也不咸
   D. 菜很好吃,但是咸了

4. A. 我是哪儿人
   B. 我是南方人
   C. 我不是南方人
   D. 南方人在哪儿

5. A. 你说的也对
   B. 你说得不好
   C. 你说得没错
   D. 你这样说也行

6. A. 她想漂亮
   B. 她想身体好
   C. 她不知道为什么
   D. 她想又漂亮身体又好

7. A. 学校
   B. 商店
   C. 饭店
   D. 邮局

8. A. 说话人只吃过鱼香肉丝
   B. 说话人只吃过西红柿炒鸡蛋
   C. 说话人吃过鱼香肉丝和西红柿炒鸡蛋
   D. 说话人没吃过鱼香肉丝和西红柿炒鸡蛋

9. A. 北京
   B. 南方
   C. 上海
   D. 不知道

10. A. 来了
    B. 没来
    C. 不想来
    D. 不能来

第十五课　来中国以后你换过钱吗

生词

1.	换	（动）	huàn	to exchange	바꾸다, 교환하다
2.	过	（助）	guò	(modal particle)	동사 뒤에 붙어 동작의 완료나 동작이 과거에 일어난 것임을 나타냄
3.	当然	（副）	dāngrán	of course	당연히, 물론
4.	陪	（动）	péi	to accompany	수행하다, 동반하다
5.	自己	（代）	zìjǐ	oneself	자기, 자신, 스스로
6.	明白	（形）	míngbai	to understand	이해하다, 확실하다, 분명하다
7.	说	（动）	shuō	to speak	말하다, 이야기하다
8.	简单	（形）	jiǎndān	simple	간단하다, 단순하다, 평범하다
9.	时候	（名）	shíhou	time	때, 시각, 시간, 동안
10.	希望	（动）	xīwàng	to hope	희망하다
11.	水平	（名）	shuǐpíng	level	수준, 수평
12.	提高	（动）	tígāo	to improve	제고하다, 향상시키다
13.	得	（助）	de	(modal particle)	동사나 형용사 뒤에 쓰여 결과나 정도를 표시하는 보어를 연결시키는 역할을 함.
14.	快	（形）	kuài	fast	빠르다
15.	生活	（名）	shēnghuó	life	생활
16.	会	（助动、动）	huì	may	~할 것이다, ~할 수 있다, ~을 잘하다
17.	方便	（形）	fāngbiàn	convenient	편리하다, 알맞다
18.	刚才	（名）	gāngcái	just now	방금, 이제 막
19.	房间	（名）	fángjiān	room	방
20.	取	（动）	qǔ	to take out; to draw	찾다, 가지다, 얻다
21.	正	（副）	zhèng	just	마침

22.	借	（动）	jiè	to borrow	빌리다. 차용하다, 빌려주다
23.	时间	（名）	shíjiān	time	시간, 시각
24.	还	（动）	huán	to return	돌려주다, 상환하다
25.	着急	（形）	zháojí	anxious	조급해 하다, 초조해 하다
26.	先	（副）	xiān	first	먼저, 우선, 이전
27.	用	（动）	yòng	to use	쓰다, 사용하다

专名		PROPER NOUN	고유명사
中国	Zhōngguó	China	중국
英语	Yīngyǔ	English	영어

第一部分 以下是根据第一段课文的问题

一、连续听两遍录音，边听边填空：

1. 大佑，来中国以后你_____过钱吗？
2. 第一次是张明_____我去的，第二次是我自己去的。
3. 这还不_____？不_____的时候说英语。
4. 真希望我们的汉语_____提高得快一点儿。
5. 这样在中国生活就会很_____了。

二、再听一遍录音，判断正误：

1. 男的不知道应该怎样换钱。（ ）
2. 张明和男的一起换了两次钱。（ ）
3. 男的会说英语。（ ）
4. 女的觉得一个人换钱可能听不懂汉语。（ ）
5. 女的觉得说不好汉语在中国生活不方便。（ ）

三、再听一遍录音，请回答下列问题：

1. 男的一共换过几次钱？
2. 第几次换钱是男的一个人去的？

3. 换钱的时候男的听不懂汉语怎么办？
4. 了女的希望什么？

四、写下你听到的句子：

1. _____。
2. _____。
3. _____。

第二部分 以下是根据第二段课文的问题

一、连续听两遍录音，边听边填空：

1. _____我去你的房间找你,你怎么不在？
2. 我去_____取钱了。你有什么事吗？
3. 太好了,我正要找你_____钱呢！
4. 我下午有课,没有_____去银行取钱,明天一定_____你。
5. 不_____,你先用吧。

二、再听一遍录音，判断正误：

1. 女的刚才不在房间。（ ）
2. 男的要给女的三百块钱。（ ）
3. 男的下午去银行了。（ ）
4. 男的明天给女的钱。（ ）
5. 女的很着急。（ ）

三、再听一遍录音，请回答下列问题：

1. 女的去哪里了？
2. 男的找女的有什么事？
3. 男的为什么不能去银行？
4. 男的什么时候还钱？
5. 女的给男的钱了吗？

四、写下你听到的句子：

1. _____。
2. _____。
3. _____。

第二部分 HSK 模拟试题

根据录音及问题，在 A、B、C、D 四个答案中选择唯一恰当的答案：

1. A. 他觉得这不简单
   B. 他觉得这很简单
   C. 他想知道这是不是简单
   D. 他不知道这是不是简单

2. A. 张明
   B. 说话人
   C. 不知道
   D. 说话人和张明

3. A. 商店
   B. 饭店
   C. 公园
   D. 银行

4. A. 上午
   B. 下午
   C. 今天
   D. 明天

5. A. 说话人不想取钱
   B. 银行现在下班了
   C. 说话人的钱在教室里
   D. 说话人没有时间去取钱

6. A. 我的生日
   B. 你的生日
   C. 小王的生日
   D. 姐姐的生日

7. A. 10 块
   B. 170 块
   C. 320 块
   D. 500 块

8. A. 我想看你的书
   B. 我看了你的书
   C. 我正在看你的书
   D. 我没有看你的书

9. A. 做饭很简单
   B. 做饭不简单
   C. 他喜欢做饭
   D. 他不会做饭

10. A. 现在很多人都有电话
    B. 现在的人都有很多电话
    C. 说话人想知道现在谁有电话
    D. 说话人想知道现在谁没有电话

第十六课 你哪儿不舒服

生词

1.	舒服	（形）	shūfu	comfortable	편안하다, 상쾌하다, 쾌적하다
2.	头	（名）	tóu	head	머리
3.	疼	（形）	téng	pain	아프다, 몹시 아끼다
4.	东西	（名）	dōngxi	things, goods	물건, 물품
5.	发烧	（动）	fā shāo	to have a fever	열이 나다
6.	知道	（动）	zhīdào	to know	알다, 이해하다, 깨닫다
7.	就	（副）	jiù	only	곧, 바로, 즉시, 이루다
8.	冷	（形）	lěng	cold	춥다, 차다
9.	嗓子	（名）	sǎngzi	throat	목(구멍)
10.	量	（动）	liáng	to measure	재다, 측량하다
11.	体温	（名）	tǐwēn	temperature	체온
12.	三十九	（数）	sānshíjiǔ	thirty nine	39
13.	度	（名）	dù	degree	도 (온도, 밀도, 경도 등의 단위)
14.	得	（助动）	děi	must, ought to	(마땅히)~해야 한다
15.	打针	（动）	dǎ zhēn	to take an injection	주사를 놓다, 주사를 맞다
16.	大夫	（名）	dàifu	doctor	의사
17.	又……又……		yòu…yòu…	both…and…	…하면서 …하다
18.	麻烦	（形）	máfan	troublesome	귀찮다, 성가시다, 귀찮게 하다, 폐를 끼치다
19.	药	（名）	yào	medicine	약, 약물
20.	开	（动）	kāi	to prescribe	처방전을 쓰다.
21.	种	（量）	zhǒng	kind	주종류를 뜻하늘 양사
22.	天	（名）	tiān	day	하루

23.	片	(量)	piàn	(measure word)	편
24.	还是	(连、副)	háishì	still	아직도, 여전히, 그래도, 또는, ~하는 편이 좋다
25.	完	(动)	wán	to finish, to end	완성하다, 끝내다
26.	小时	(名)	xiǎoshí	hour	시, 시간
27.	注意	(动)	zhùyì	to pay attention to	주의(하다), 조심(하다)
28.	喝	(动)	hē	to drink	마시다
29.	水	(名)	shuǐ	water	물
30.	蔬菜	(名)	shūcài	vegetable	채소
31.	水果	(名)	shuǐguǒ	fruit	과일, 과실
32.	休息	(动)	xiūxi	to have a rest	휴식하다, 휴양하다

第一部分 以下是根据第一段课文的问题

一、连续听两遍录音,边听边填空:

1. 你哪儿不_____?
2. 我_____疼,不想吃东西。
3. 我也不知道,就是觉得_____。
4. _____也有点疼。
5. 你先量一下_____吧。

二、再听一遍录音,判断正误:

1. 男的肚子疼。(　)
2. 男的一定发烧了。(　)
3. 今天很冷。(　)
4. 女的想请男的吃东西。(　)
5. 女的是男的的好朋友。(　)

三、再听一遍录音,请回答下列问题:

1. 这段对话可能发生在哪儿?
2. 男的怎么了?

3. 男的发烧吗?

4. 男的还有哪儿不舒服?

5. 女的要让男的干什么?

四、写下你听到的句子:

1. _____。

2. _____。

3. _____。

第二部分　以下是根据第二段课文的问题

一、连续听两遍录音,边听边填空:

1. 你_____了,都三十九度了,得打针。

2. _____,打针又疼又麻烦,我吃药行吗?

3. 那好吧,我给你_____点儿药。

4. 这_____药,一天吃三次,一次吃两_____。

5. 多喝水,多吃蔬菜和水果。当然还要多_____。

二、再听一遍录音,判断正误:

1. 男的发烧了。(　)

2. 男的不想打针。(　)

3. 女的想吃药。(　)

4. 药一天吃六片。(　)

5. 男的不能喝水。(　)

三、再听一遍录音,请回答下列问题:

1. 男的体温多少度?

2. 男的为什么想吃药?

3. 药应该怎么吃?

4. 男的还要注意什么?

5. 女的是干什么的?

四、写下你听到的句子：

1. _____。
2. _____。
3. _____。

第二部分 HSK 模拟试题

根据录音及问题，在 A、B、C、D 四个答案中选择唯一恰当的答案：

1. A. 说话人不舒服
   B. 说话人不想买东西
   C. 说话人吃了很多东西
   D. 说话人买了很多东西

2. A. 今天很冷
   B. 今天不冷
   C. 说话人觉得不冷
   D. 说话人可能生病了

3. A. 都是三十九度
   B. 不到三十九度
   C. 三十九度多了
   D. 已经三十九度了

4. A. 说话人想休息了
   B. 说话人休息得很多
   C. 说话人不要多休息
   D. 说话人觉得多休息也很重要

5. A. 不疼
   B. 不烦
   C. 不疼，也不麻烦
   D. 很疼，也很麻烦

6. A. 他生病了
   B. 他生气了
   C. 他这几天没有课
   D. 他这几天不想上课

7. A. 4 本
   B. 3 本
   C. 7 本
   D. 12 本

8. A. 要走
   B. 回家
   C. 睡觉
   D. 聊天儿

9. A. 上课
   B. 睡觉
   C. 逛街
   D. 踢足球

10. A. 肉
    B. 水果
    C. 鸡蛋
    D. 蔬菜

第十七课　我要洗照片

生词

1.	照相	（动）	zhào xiàng	to take a picture	사진, 사진을 찍다
2.	洗	（动）	xǐ	to develop	(사진을)현상하다, 씻다
3.	照片	（名）	zhàopiàn	photograph	사진
4.	寸	（量）	cùn	inch	촌, 치
5.	彩色	（名）	cǎisè	colour	천연색
6.	毛	（量）	máo	(unit of currency)	1원의 1/10, 10전
7.	胶卷儿	（名）	jiāojuǎnr	film	필름
8.	交	（动）	jiāo	to hand over	내다, 넘기다, 사귀다, 무역하다
9.	收据	（名）	shōujù	receipt	영수증
10.	拿	（动）	ná	to fetch	받다, 타다, 손으로 잡다, 붙잡다
11.	餐馆	（名）	cānguǎn	restaurant	식당
12.	订	（动）	dìng	to order	예약하다, 주문하다
13.	餐	（名）	cān	meal	요리, 식사, (음식을)먹다
14.	份	（量）	fèn	(measure word)	세트, 한 벌
15.	烤	（动）	kǎo	to bake	불에 굽다
16.	牛肉	（名）	niúròu	beef	소고기
17.	冷面	（名）	lěngmiàn	cold noodles in sauce	냉면, 냉국수 종류
18.	留	（动）	liú	to leave	남기다, 머무르다, 묵다
19.	电话	（名）	diànhuà	phone	전화
20.	号码	（名）	hàomǎ	number	번호, 숫자
21.	留学生	（名）	liúxuéshēng	International student	유학생
22.	手机	（名）	shǒujī	mobile phone	핸드폰
23.	送	（动）	sòng	to give	보내다, 배달하다, 선사하다

专 名	PROPER NOUN	고유명사
1. 山东大学 Shāndōng Dàxué	Shandong University	중국 산동대학
2. 土大力 Tǔdàlì	name of a restaurant	투다리(음식점 명)

练习

第一部分 以下是根据第一段课文的问题

一、连续听两遍录音,边听边填空:

1. 您好,请问您是_____还是_____照片?
2. 五寸的_____照片六毛钱一张,六寸的七毛。
3. 这是_____,我要洗六寸的。
4. 请先_____二十块钱。
5. 给您钱。什么时候能_____?

二、再听一遍录音,判断正误:

1. 女的是照相馆的服务员。( )
2. 男的要洗一张照片。( )
3. 男的买了一个胶卷儿。( )
4. 男的今天就可以取照片。( )

三、再听一遍录音,请回答下列问题:

1. 这段对话发生在哪儿?
2. 洗一张五寸的照片多少钱?
3. 男的要洗的照片有多大?
4. 男的可以什么时候取照片?

四、写下你听到的句子:

1. _____。
2. _____。
3. _____。

第二部分　以下是根据第二段课文的问题

一、连续听两遍录音,边听边填空:

　　1. 请问是"土大力"_____吗?
　　2. 对。我要一份烤_____,两份冷面。
　　3. 请留一下儿您的地址和电话_____。
　　4. 我的_____是 13705316219。
　　5. 好的,我们半小时以后_____到。

二、再听一遍录音,判断正误:

　　1. 男的在饭店。(　)
　　2. 女的不知道男的住在哪儿。(　)
　　3. 男的对女的说了他的房间号和电话号码。(　)
　　4. 男的住在学校里。(　)
　　5. 女的半小时以后到家。(　)

三、再听一遍录音,请回答下列问题:

　　1. 对话里的两个人在干什么?
　　2. 男的要了什么吃的?
　　3. 女的要男的留下什么?
　　4. 男的住在哪里?
　　5. 男的还要等多长时间才能吃饭?

四、写下你听到的句子:

1. _____。
2. _____。
3. _____。

第三部分 HSK 模拟试题

根据录音及问题，在 A、B、C、D 四个答案中选择唯一恰当的答案：

1. A. 饭店
   B. 商店
   C. 照相馆
   D. 洗衣店

2. A. 五毛
   B. 六毛
   C. 七毛
   D. 八毛

3. A. 饭馆的名字
   B. 商店的名字
   C. 女的的名字
   D. 男的的名字

4. A. 老师
   B. 服务员
   C. 做饭的人
   D. 卖菜的人

5. A. 地址
   B. 电话号码
   C. 地址和房间号码
   D. 地址和电话号码

6. A. 一种
   B. 两种
   C. 三种
   D. 四种

7. A. 五毛
   B. 六毛
   C. 五块
   D. 六块

8. A. 他的学校
   B. 他的工作
   C. 他住的地方
   D. 他学习的地方

9. A. 因为他没有车
   B. 因为你家太远了
   C. 因为没有你的电话
   D. 因为他不知道你家在哪里

10. A. 留学生
    B. 银行职员
    C. 大学老师
    D. 韩国留学生

第十八课　我的包找到了

生词

1.	包	（名）	bāo	bag	가방, 꾸러미
2.	丢	（动）	diū	to lose	잃다, 버리다, 방치하다
3.	回	（量）	huí	(measure word)	'事' 앞에서 명량사로 쓰임
4.	别提了		bié tí le	don't mention it	말도 말아라, 그런 소리 말아라
5.	早上	（名）	zǎoshang	morning	아침
6.	出租车	（名）	chūzūchē	taxi	택시
7.	忘	（动）	wàng	to forget	잊다
8.	车	（名）	chē	vehicle	차
9.	发现	（动）	fāxiàn	to find	발견하다
10.	马上	（副）	mǎshàng	at once	곧, 바로
11.	公司	（名）	gōngsī	company	회사
12.	打	（动）	dǎ	to make (a call)	(전화)걸다, 때리다, 치다
13.	哎	（叹）	āi	(modal particle)	(감탄사)아이, 아이고
14.	发票	（名）	fāpiào	bill	영수증
15.	所以	（连）	suǒyǐ	so	인과관계에서 결론을 나타내는 접속사
16.	帮	（动）	bāng	to help	돕다, 거들어주다
17.	联系	（动）	liánxì	to contact	연락하다, 연계하다
18.	司机	（名）	sījī	driver, chauffeur	운전기사, 기관사
19.	师傅	（名）	shīfu	master worker; a respectful form of address for a skilled worker	(남에 대한 경칭으로 직함 뒤에 씀)선생, 스승, 사부, 숙련공
20.	幸运	（形）	xìngyùn	lucky	행운
21.	外边	（名）	wàibian	outside	외지, 바깥

22.	开会		kāi huì	to attend a meeting	개회하다
23.	爱人	(名)	àiren	wife, husband	남편 또는 아내
24.	出差	(动)	chū chāi	be on a business trip	출장가다
25.	幼儿园	(名)	yòu'éryuán	kindergarden	유아원, 유치원
26.	接	(动)	jiē	to pick	마중하다, 접수하다, 가까이하다
27.	办公室	(名)	bàngōngshì	office	사무실

专 名	PROPER NOUN	고유명사
小李　Xiǎo Lǐ	name of a person	이 씨, 이 군

第一部分　以下是根据第一段课文的问题

一、连续听两遍录音，边听边填空：

1. 我听说你的_____丢了，怎么回事？
2. 别提了，_____坐出租车的时候忘在车上了。
3. 我发现包丢了以后很着急，_____给出租车公司打了个电话。
4. 车的发票上有公司的_____和电话。

二、再听一遍录音，判断正误：

1. 女的丢了钱包。（　）
2. 女的是在晚上坐的出租车。（　）
3. 女的给男的打了电话。（　）
4. 男的觉得女的很幸运。（　）

三、再听一遍录音，请回答下列问题：

1. 女的丢了什么东西？
2. 她的东西找到了吗？
3. 丢了东西以后女的是怎么办的？

4. 女的是怎么知道出租车公司的名字和电话的?
5. 谁帮女的找到了那个司机?

四、写下你听到的句子：

1. _____。
2. _____。
3. _____。

第二部分 以下是根据第二段课文的问题

一、连续听两遍录音,边听边填空：

1. 王姐,您有什么_____吗?
2. 我现在在外边_____,我_____也出差了。
3. 你能_____我去幼儿园接一下孩子吗?
4. 没_____,孩子送到哪儿?
5. 送到_____吧,我半个小时后就回去,谢谢你了。

二、再听一遍录音,判断正误：

1. 女的正在给幼儿园打电话。（ ）
2. 女的是位妈妈。（ ）
3. 女的现在正在办公室。（ ）
4. 男的是孩子的老师。（ ）
5. 男的半小时以后回家。（ ）

三、再听一遍录音,请回答下列问题：

1. 女的在给哪里打电话?
2. 男的和女的姓什么?
3. 谁出差了?
4. 男的要送孩子去什么地方?
5. 女的什么时候会见到孩子?

四、写下你听到的句子：

1. _____。
2. _____。
3. _____。

第二部分　HSK 模拟部分试题

根据录音及问题，在 A、B、C、D 四个答案中选择唯一恰当的答案：

1. A. 高兴
   B. 惊喜
   C. 难过
   D. 奇怪

2. A. 包
   B. 车
   C. 包子
   D. 车子

3. A. 外面
   B. 出差
   C. 幼儿园
   D. 办公室

4. A. 家
   B. 学校
   C. 办公室
   D. 幼儿园

5. A. 发票
   B. 他的朋友
   C. 出租车的司机
   D. 出租车公司的人

6. A. 老师
   B. 朋友
   C. 司机
   D. 服务员

7. A. 说话人结婚了
   B. 说话人今天回来
   C. 说话人要去接朋友
   D. 说话人要去坐飞机

8. A. 八点
   B. 八点五分
   C. 七点五十五
   D. 差五分八点

9. A. 说话人很幸运
   B. 说话人最近很忙
   C. 说话人不想坐火车
   D. 说话人没有买到火车票

10. A. 工作
    B. 出差
    C. 玩儿
    D. 学习

第十九课 你来中国以后寄过信吗

生词

1.	寄	（动）	jì	to post	부치다
2.	信	（名）	xìn	letter	편지, 서신, 소식
3.	跟	（介）	gēn	and; with	~과/와
4.	……啦……啦		…la…la	(modal particle)	열거를 나타냄
5.	发	（动）	fā	to send	보내다, 부치다, (전보를) 치다, 발송하다
6.	电子邮件	（名）	diànzǐ yóujiàn	E-mail	전자우편, E-MAIL
7.	更	（副）	gèng	more, even more	더욱, 다시, 또
8.	邮局	（名）	yóujú	post office	우체국
9.	收	（动）	shōu	to receive	받다, 접수하다, 거두다
10.	多……啊		duō…a	(used in exclamations)	얼마나…한가
11.	开心	（形）	kāixīn	to feel happy	유쾌하다, 즐겁다
12.	包裹	（名）	bāoguǒ	parcel	소포
13.	让	（动）	ràng	to allow; to let	~하게 하다, ~하도록 시키다
14.	检查	（动）	jiǎnchá	to check up	검사하다, 조사하다
15.	本	（量）	běn	(measure word)	권(책을 세는 단위)
16.	书	（名）	shū	book	책, 서신 문서
17.	盒	（量）	hé	(measure word)	갑(작은 상자를 세는 양사)
18.	中药	（名）	zhōngyào	Chinese traditional medicine	한약, 중국의약
19.	玻璃	（名）	bōli	glass	유리
20.	瓶	（名）	píng	bottle	병

21.	为什么		wèi shénme	why	무엇 때문에, 왜, 어째서
22.	因为	（连）	yīnwèi	because	왜냐하면, ~때문에, ~에 의하면
23.	容易	（形）	róngyì	easy	쉽다, 용이하다, ~하기 쉽다
24.	碎	（形）	suì	broken	부숴지다, 깨지다

第一部分 以下是根据第一段课文的问题

一、连续听两遍录音，边听边填空：

1. 罗伯特，你来中国以后_____过信吗？
2. 那你怎么_____家里联系？
3. 打电话啦，_____电子邮件啦……
4. 可是我_____喜欢写信。
5. 麻烦是麻烦，可是收到信的人多_____啊！

二、再听一遍录音，判断正误：

1. 男的现在在韩国。（ ）
2. 男的现在不寄信了。（ ）
3. 男的觉得打电话不麻烦。（ ）
4. 女的觉得写信更好。（ ）
5. 女的很喜欢收信。（ ）

三、再听一遍录音，请回答下列问题：

1. 女的现在在哪里？
2. 男的怎么跟家里联系？
3. 女的更喜欢什么联系方法？
4. 男的为什么觉得写信麻烦？
5. 女的觉得收信的人会怎么样？

四、写下你听到的句子：

1. _____。
2. _____。
3. _____。

第二部分　以下是根据第二段课文的问题

一、连续听两遍录音，边听边填空：

1. 你好！我要寄一个_____。
2. 里面是什么东西？请打开_____我检查一下儿。
3. 里面没什么东西,只是几_____书和几_____中药。
4. 对不起,书可以寄,但是这种玻璃_____的中药不能寄。
5. 因为_____碎。

二、再听一遍录音，判断正误：

1. 男的要寄信。（　）
2. 包裹里没有东西。（　）
3. 书不能寄。（　）
4. 玻璃瓶里是中药。（　）
5. 女的帮男的寄了中药。（　）

三、再听一遍录音，请回答下列问题：

1. 女的是做什么工作的？
2. 男的要寄什么？
3. 玻璃瓶里是什么？
4. 中药为什么不能寄？
5. 男的最后寄了几种东西？

四、写下你听到的句子：

1. _____。
2. _____。
3. _____。

第二部分　HSK 模拟试题

根据录音及问题,在 A、B、C、D 四个答案中选择唯一恰当的答案:

1. A. 说话人想知道现在谁还寄信
   B. 说话人觉得现在寄信的人很多
   C. 说话人觉得现在寄信的人很少
   D. 说话人想知道现在寄信的人是谁

2. A. 因为他觉得写信太累
   B. 因为他觉得寄信太贵
   C. 因为他觉得写信太麻烦
   D. 因为他觉得寄信太麻烦

3. A. 因为她觉得写信很麻烦
   B. 因为她觉得写信很方便
   C. 因为她的汉字写得很好
   D. 因为她觉得收信很高兴

4. A. 书和盒子
   B. 书和中药
   C. 药和玻璃瓶
   D. 中药和盒子

5. A. 因为中药太重了,所以不能寄
   B. 因为中药太贵了,所以不能寄
   C. 因为中药没有放在盒子里,盒子不会碎
   D. 因为中药放在了玻璃瓶里,玻璃瓶容易碎

6. A. 有人要去寄信
   B. 有人要去取钱
   C. 有人在房间学习
   D. 有人要去教室学习

7. A. 老师
   B. 大夫
   C. 警察
   D. 服务员

8. A. 去邮局了
   B. 去寄信了
   C. 去上网了
   D. 去上课了

9. A. 说话人今天上课
   B. 说话人今天休息了
   C. 说话人明天回来了
   D. 说话人今天很高兴

10. A. 因为家里热
    B. 因为家里不热
    C. 因为家里的饭多
    D. 因为家里的饭热

第二十课 我哪有时间去看电影

生词

1.	部	（量）	bù	(measure word)	영화, 서적 등을 헤아릴 때 씀.
2.	这么	（代）	zhème	like this, such	이렇게, 이러한
3.	除了……以外		chúle... yǐwài...	except	을 제외하고는, ……이외에도
4.	准备	（动）	zhǔnbèi	to prepare; to be ready for	준비하다, ~하려고 하다
5.	外语	（名）	wàiyǔ	foreign language	외국어
6.	考试	（动、名）	kǎoshì	to examine; to test	시험(치다)
7.	总是	（副）	zǒngshì	always	늘, 언제나, 어쨌든, 반드시
8.	应该	（助动）	yīnggāi	should	마땅히 ~해야 한다, 마땅하다
9.	适当	（形）	shìdàng	appropriate	적당하다, 적절하다, 알맞다
10.	等	（动）	děng	to wait	기다리다, 대등하다
11.	再说	（动）	zàishuō	to put off until sometime later	나중에 하기로 하다, 게다가
12.	白	（副）	bái	in vain	헛되다, 쓸데없다
13.	花	（动）	huā	to spend	소비하다, 쓰다
14.	别人	（代）	biéren	somebody else	타인, 남, 다른 사람
15.	差	（形）	chà	bad, poor	틀리다, 나쁘다, 표준에 못 미치다, 부족하다
16.	主角	（名）	zhǔjué	leading role	주인공, 주오인물
17.	有名	（形）	yǒumíng	famous	유명하다
18.	演员	（名）	yǎnyuán	actor	배우, 연기자, 출연자
19.	但是	（连）	dànshì	but	그러나, 그렇지만

20. 演	（动）	yǎn	to act	연기하다, 공연하다
21. 得	（助）	de	(structural particle)	동사나 형용사 뒤에 쓰여 결과나 정도를 표시하는 보어를 연결시키는 역할을 함.
22. 可	（副）	kě	(for emphasis)	강조를 표시

第一部分　以下是根据第一段课文的问题

一、连续听两遍录音，边听边填空：

1. 听说最近有_____好电影，你去看了吗？
2. 你看我最近_____忙，哪有时间去看电影？
3. _____给学生上课_____，我还要准备一个外语考试。
4. 也不能_____忙，应该适当休息休息。
5. _____考完试再说吧。

二、再听一遍录音，判断正误：

1. 女的看过那个好看的电影了。（　）
2. 男的很累，所以没有去看电影。（　）
3. 男的正在写一本书。（　）
4. 女的总是很忙。（　）
5. 男的可能考完试以后再休息。（　）

三、再听一遍录音，请回答下列问题：

1. 男的为什么没去看电影？
2. 男的的书写完了吗？
3. 男的正在忙什么？
4. 女的觉得男的应该怎么样？

四、写下你听到的句子：

1. _____。
2. _____。
3. _____。

第二部分　以下是根据第二段课文的问题

一、连续听两遍录音，边听边填空：

1. _____的电影怎么样？
2. 别提了，_____花了三十块钱。
3. 我也只是听_____说，谁知道这个电影这么_____？
4. 听说女主角是美国很_____的演员。
5. _____她在这部电影里演得可不怎么样。

二、再听一遍录音，判断正误：

1. 女的觉得电影很好看。（　）
2. 看电影要三十块钱。（　）
3. 电影里的演员很有名。（　）
4. 电影里的男主角演得不怎么样。（　）

三、再听一遍录音，请回答下列问题：

1. 男的看过这个电影吗？
2. 女的觉得这个电影怎么样？
3. 女的以前为什么说电影有意思？
4. 电影里的女主角是哪国人？
5. 这个女主角演得怎么样？

四、写下你听到的句子：

1. _____。
2. _____。
3. _____。

第二部分 HSK 模拟试题

根据录音及问题,在 A、B、C、D 四个答案中选择唯一恰当的答案:

1. A. 他没有时间去看电影
   B. 他觉得看电影会花很长时间
   C. 他想等有时间一起去看电影
   D. 他有时间但不知道去哪儿看电影

2. A. 男的只讲课
   B. 男的只考外语
   C. 男的不上课,也不准备外语考试
   D. 男的要一边讲课,一边准备外语考试

3. A. 她觉得电影不好看
   B. 她觉得看电影很贵
   C. 她白天花三十块钱去看了电影
   D. 她不想说看电影的事了,因为她花了很多钱

4. A. 没想到这个电影很好
   B. 没想到这个电影不好
   C. 没有人知道这个电影不好
   D. 没有人知道这个电影不错

5. A. 她演电影演得不好吗
   B. 她演电影演得怎么样
   C. 她在这个电影中演得很好
   D. 她在这个电影中演得不好

6. A. 他想在家睡觉
   B. 他觉得电影很差
   C. 他想在家看电影
   D. 他早知道这个电影

7. A. 生气
   B. 满意
   C. 高兴
   D. 吃惊

8. A. 他星期四有时间
   B. 他星期三没时间
   C. 他这个星期都有时间
   D. 他除了星期四以外都有时间

9. A. 多吃米饭,少吃肉
   B. 少吃米饭,多吃肉
   C. 多吃米饭,适当吃肉
   D. 少吃米饭,适当吃肉

10. A. 说话人没看书
    B. 说话人没有买书
    C. 说话人买了一本白书
    D. 说话人看了一点儿书

第二十一课 你有什么爱好

生词

1.	爱好	（名、动）	àihào	hobby	취미, 기호
2.	少	（形）	shǎo	little, few	적다, 부족하다, 모자라다
3.	音乐	（名）	yīnyuè	music	음악
4.	上网		shàng wǎng	go on-line, connect to the Internet	인터넷에 접속하다
5.	什么的		shénmede	something else	~등등, 따위
6.	玩	（动）	wán	to play	놀다, 놀이하다, 감상하다
7.	游戏	（名）	yóuxì	game	유희, 레크리에이션, 게임
8.	为了	（连）	wèile	for	~을 위하여
9.	了不起	（形）	liǎobuqǐ	extraordinary	뛰어나다, 보통이 아니다
10.	试	（动）	shì	try to do	시험삼아 해보다, 시도하다
11.	有空儿		yǒu kòngr	at one's leisure	틈이 나다, (시간 등을) 내다
12.	教	（动）	jiāo	to teach	가르치다
13.	随时	（副）	suíshí	at any moment	수시로, 언제나, 아무 때나
14.	谈	（动）	tán	to chat; to talk about	말하다, 이야기하다
15.	踢	（动）	tī	go to kick	차다, 때려부수다
16.	逛	（动）	guàng	to stroll	한가롭게 거닐다, 구경하다
17.	商店	（名）	shāngdiàn	shop	상점
18.	男	（名）	nán	man, male	남자, 남성

19. 一些		yìxiē	some	약간, 조금, 얼마간(의), 여러 번
20. 卖	（动）	mài	to sell	팔다, 판매하다
21. 工艺品	（名）	gōngyìpǐn	crafts	공예품
22. 对	（介词）	duì	toward ;to	~에 대하여, ~을 향하여
23. 感兴趣		gǎn xìngqù	be interested in	흥미가 있다

第一部分 以下是根据第一段课文的问题

一、连续听两遍录音，边听边填空：

1. 我的_____可不少，看书、听音乐、上网什么的。
2. 以前喜欢上网_____游戏，现在为了学习汉语，喜欢上网聊天儿。
3. 是用汉语聊天吗？你真_____！
4. 很简单，你也可以_____。
5. 没问题，_____都可以。

二、再听一遍录音，判断正误：

1. 知恩喜欢看书、听音乐、唱歌。（　）
2. 现在知恩经常玩游戏。（　）
3. 男的觉得知恩汉语很好。（　）
4. 知恩觉得自己很了不起。（　）
5. 知恩有时间教男的用汉语聊天。（　）

三、再听一遍录音，请回答下列问题：

1. 知恩有哪些爱好？
2. 知恩上网都干什么？
3. 男的为什么觉得知恩了不起？
4. 知恩觉得用汉语聊天难吗？
5. 知恩什么时候教男的？

四、写下你听到的句子：

1. ＿＿＿＿＿＿＿＿＿＿＿＿＿＿＿＿＿＿＿＿＿＿＿＿＿＿＿。
2. ＿＿＿＿＿＿＿＿＿＿＿＿＿＿＿＿＿＿＿＿＿＿＿＿＿＿＿。
3. ＿＿＿＿＿＿＿＿＿＿＿＿＿＿＿＿＿＿＿＿＿＿＿＿＿＿＿。

第二部分 以下是根据第二段课文的问题

一、连续听两遍录音，边听边填空：

1. 在德国的时候，我喜欢＿＿＿＿＿足球。来中国以后，我又多了一个爱好。
2. 我喜欢＿＿＿＿＿商店了。
3. 是＿＿＿＿＿卖中国工艺品的小店。
4. 我对中国的工艺品也很＿＿＿＿＿。
5. 真的吗？那有时间＿＿＿＿＿去吧！

二、再听一遍录音，判断正误：

1. 在韩国的时候，罗伯特喜欢踢足球。（　）
2. 喜欢逛商店是罗伯特早就有的爱好。（　）
3. 女的觉得男孩子不会喜欢逛商店。（　）
4. 罗伯特喜欢逛卖衣服的大商店。（　）
5. 女的也很喜欢中国工艺品。（　）

三、再听一遍录音，请回答下列问题：

1. 罗伯特一共有几个爱好？
2. 女的不信什么？
3. 罗伯特觉得女孩子喜欢逛什么样的商店？
4. 罗伯特喜欢逛什么样的商店？
5. 他们有时间一起去做什么？

四、写下你听到的句子：

1. ＿＿＿＿＿＿＿＿＿＿＿＿＿＿＿＿＿＿＿＿＿＿＿＿＿＿＿。
2. ＿＿＿＿＿＿＿＿＿＿＿＿＿＿＿＿＿＿＿＿＿＿＿＿＿＿＿。
3. ＿＿＿＿＿＿＿＿＿＿＿＿＿＿＿＿＿＿＿＿＿＿＿＿＿＿＿。

第二部分 HSK 模拟试题

根据录音及问题,在 A、B、C、D 四个答案中选择唯一恰当的答案:

1. A. 说话人有爱好,可很少
   B. 说话人的爱好不只一个
   C. 说话人可以有不少爱好
   D. 说话人可能有不少爱好

2. A. 用汉语上网聊天儿很难
   B. 用韩语上网聊天儿很难
   C. 用汉语上网聊天儿很容易
   D. 用韩语上网聊天儿很容易

3. A. 玩游戏
   B. 学习
   C. 聊天
   D. 写信

4. A. 说话人很喜欢中国的工艺品
   B. 说话人不喜欢中国的工艺品
   C. 说话人有很多中国的工艺品
   D. 说话人没有见过中国的工艺品

5. A. 女的不信男的喜欢逛商店
   B. 女的觉得男的的话不是真的
   C. 女的觉得男孩子不应该喜欢逛商店
   D. 女的想问问男的男孩子是不是喜欢逛商店

6. A. 写信
   B. 听音乐
   C. 看电影
   D. 交新朋友

7. A. 考试很难
   B. 考试不难
   C. 考试怎么难
   D. 考试为什么难

8. A. 两点
   B. 三点
   C. 四点
   D. 五点

9. A. 医院
   B. 学校
   C. 商店
   D. 公园

10. A. 篮球
    B. 足球
    C. 排球
    D. 游泳

第二十二课 西安好玩儿吗

生词

1.	回来	（动）	huílai	to come back	돌아오다
2.	好玩儿	（形）	hǎowánr	interesting	재미 있다, 놀기가 좋다
3.	极了		jíle	very, extremely	(형용사 뒤에 쓰여)옵시, 아주
4.	地方	（名）	dìfang	place	장소, 곳
5.	博物馆	（名）	bówùguǎn	museum	박물관
6.	最	（副）	zuì	most	가장, 제일, 아주, 최고, 으뜸
7.	名胜古迹	（名）	míngshèng gǔjì	places of interest	명승고적
8.	那里	（代）	nàli	there	그곳, 저곳
9.	小吃	（名）	xiǎochī	snack	간단한 음식, 변변치 않은 음식(겸손하게 하는 말)
10.	特别	（副、形）	tèbié	especially	특별히 특별하다, 보통이 아니다
11.	辣	（形）	là	hot; spicy	맵다
12.	香	（形）	xiāng	appetizing	향기롭다, 맛있다, 달콤하다
13.	差不多	（副）	chàbuduō	almost	대체로, 거의, 일반적인, 큰 차이 없다
14.	把	（介）	bǎ	(preposition)	~을/를
15.	遍	（动）	biàn	all over	회, 번
16.	同学	（名）	tóngxué	schoolmate	동창, 학우, 동급생
17.	做客	（动）	zuò kè	be a guest	손님이 되다, 방문하다
18.	羡慕	（动）	xiànmù	to admire	부러워하다, 흠모하다

19.	布置	（动）	bùzhì	to arrange	꾸미다, 장식(하다), 배치(하다), 배열(하다)
20.	热情	（形）	rèqíng	passionate	친절하다, 마음이 따뜻하다, 열정적이다
21.	饭	（名）	fàn	meal	식사, 밥
22.	带	（动）	dài	to take	휴대하다, 지니다, 차다, 달다, 인솔하다
23.	一般	（形）	yìbān	general	보통이다, 일반적이다
24.	茶	（名）	chá	tea	차

专 名		PROPER NOUN	고유명사
1. 西安	Xī'ān	name of a city	중국 서안(지명)
2. 大雁塔	Dàyàn Tǎ	Big Wild Goose Pagoda	당나라 현장이 서안에 세운 大慈恩寺의 탑
3. 兵马俑	Bīngmǎyǒng	terracotta warriors and horses	병마용(옛날 순장할 때 쓰는 도기로 만든 병사와 말 모양의 우상)

 练习

第一部分　以下是根据第一段课文的问题

一、连续听两遍录音,边听边填空：

1. 罗伯特,你_____了。西安好玩儿吗？
2. 好玩_____,我还买了很多工艺品呢！
3. 我去了大雁塔、博物馆,还去看了_____有名的兵马俑。
4. 除了这些_____以外,西安还有什么让你感兴趣的地方？

5. 当然是那里的_____啦,味道挺特别的,又辣又香。

二、再听一遍录音,判断正误:

1. 罗伯特正在西安。( )
2. 罗伯特在西安买了很多衣服。( )
3. 罗伯特看了很多名胜古迹。( )
4. 在西安,最有名的是兵马俑。( )
5. 西安的小吃又辣又咸。( )

三、再听一遍录音,请回答下列问题:

1. 罗伯特从哪儿回来?
2. 罗伯特觉得西安怎么样?
3. 罗伯特去了西安的哪些地方?
4. 西安还有什么让罗伯特感兴趣的地方?
5. 西安的小吃味道怎么样?

四、写下你听到的句子:

1. _____。
2. _____。
3. _____。

第二部分 以下是根据第二段课文的问题

一、连续听两遍录音,边听边填空:

1. 昨天我和几个同学去刘老师家_____了。
2. 真_____你啊!我还没去过中国人的家呢!刘老师的家怎么样?
3. 家里_____得很漂亮,他的爱人很_____,饭也做得很好吃。
4. 我也想去中国人的家里看看,那去中国人家应该_____什么礼物?
5. _____带点儿水果就行。刘老师喜欢喝茶,所以我们给他买了一盒茶。

二、再听一遍录音,判断正误:

1. 女的昨天去了刘老师家。( )
2. 男的也去过刘老师家。( )

3. 刘老师的家很漂亮。（　　）
4. 刘老师家里的人很热情。（　　）
5. 女的给刘老师买了水果。（　　）

三、再听一遍录音,请回答下列问题：

1. 女的什么时候去了刘老师家？和谁一起去的？
2. 刘老师的家怎么样？
3. 谁做饭做得很好吃？
4. 去中国人家应该带什么礼物？
5. 刘老师喜欢什么？

四、写下你听到的句子：

1. _____。
2. _____。
3. _____。

第二部分　HSK 模拟试题

根据录音及问题,在 A、B、C、D 四个答案中选择唯一恰当的答案：

1. A. 西安好极了　　　　　　　C. 西安非常好玩
   B. 西安不好玩儿　　　　　　D. 我们玩儿得好极了

2. A. 西安的小吃味道不好,又辣又香
   B. 西安的小吃味道不辣,但是特别香
   C. 西安的小吃味道很好,很辣,但是不香
   D. 西安的小吃和别的小吃不一样,味道是辣的,也很香

3. A. 说话人吃了很多次那里的小吃
   B. 说话人把那里的小吃吃了很多次
   C. 那里的小吃说话人差不多都喜欢
   D. 说话人吃了那里差不多所有的小吃

4. A. 刘老师结婚了　　　　　　C. 刘老师很热情
   B. 刘老师很漂亮　　　　　　D. 刘老师喜欢做饭

5. A. 说话人觉得知恩很漂亮
   B. 说话人很想去刘老师家
   C. 说话人很想听知恩说刘老师家是什么样子的
   D. 说话人很想知道去刘老师家应该带什么礼物

6. A. 他快急了　　　　　7. A. 长城是名胜古迹
   B. 他迟到了　　　　　　　 B. 说话人最喜欢长城
   C. 他走得很快　　　　　　 C. 说话人没有看名胜古迹
   D. 他走得不快　　　　　　 D. 说话人看了很多的名胜古迹

8. A. 小杨很香　　　　　9. A. 说话人很羡慕小王
   B. 小杨喜欢香　　　　　　 B. 小王的女朋友对小王不好
   C. 小杨喜欢做菜　　　　　 C. 说话人很羡慕小王的女朋友
   D. 小杨做的菜好吃　　　　 D. 说话人的女朋友对说话人不好

10. A. 他在和王玲玩儿
    B. 他说王玲有时间
    C. 他在问王玲有没有时间
    D. 他在请王玲去他家做客

第二十二课　听说他下个月就要结婚了

生词

1.	朋友	（名）	péngyou	friend	친구
2.	怪不得	（副）	guàibude	no wonder	과연, 그러기에, 어쩐지
3.	进步	（动）	jìnbù	progress	진보하다 진보하다
4.	长	（动）	zhǎng	to grow	성장하다, 자라다
5.	高	（形）	gāo	tall	높다, 크다
6.	个子	（名）	gèzi	height	키, 체격, 크기
7.	眼睛	（名）	yǎnjing	eyes	눈, 안목
8.	咦	（叹）	yí	(modal particle)	아이, 어(감탄사, 놀람을 나타냄)
9.	类型	（名）	lèixíng	style	유형
10.	快……了		kuài...le	to be about to, to be going to	곧(머지 않아) ~하다
11.	暑假	（名）	shǔjià	summer vacation	여름방학, 여름휴가
12.	旅游	（动）	lǚyóu	tour	여행하다, 관광하다
13.	山	（名）	shān	mountain	산
14.	美	（形）	měi	beautiful	아름답다, 예쁘다, 훌륭하다
15.	做	（动）	zuò	to do	하다, 일하다, 만들다
16.	上	（名）	shàng	last	지난(번), 먼저(번)
17.	级	（名）	jí	grade	급, 등급, 계단, 학년
18.	办法	（名）	bànfǎ	way	방법, 수단, 조치
19.	只好	（副）	zhǐhǎo	have to	부득이, 부득불, 할 수 없이
20.	呆	（动）	dāi	to stay	머무르다, 체재하다
21.	复习	（动）	fùxí	to review	복습하다
22.	可惜	（形）	kěxī	pity	아쉬워하다, 섭섭하다, 아깝다
23.	成绩	（名）	chéngjì	achievement	성적, 성과, 기록

专 名	PROPER NOUN		고유명사
1. 金志德	Jīn Zhìdé	name of a person	김지덕（인명）
2. 桂林	Guìlín	name of a city	중국 계림(지명)
3. 汉语水平考试	Hànyǔ Shuǐpíng Kǎoshì	HSK Chinese Proficiency Test	중국어능력시험

第一部分　以下是根据第一段课文的问题

一、连续听两遍录音，边听边填空：

1. 知恩，听一个_____说金志德下个月就要结婚了？
2. 当然是真的，是跟一个中国_____结婚。
3. 真没想到，怪不得他的汉语_____得那么快。那个女孩子怎么样？
4. 我见过一次，_____得很漂亮，高高的个子，大大的_____。
5. 咦，那不是你喜欢的_____吗？

二、再听一遍录音，判断正误：

1. 金志德下个月要去旅行了。（　）
2. 金志德要跟一个中国女孩子结婚。（　）
3. 金志德的汉语进步得很慢。（　）
4. 金志德的女朋友又高又漂亮。（　）
5. 男的喜欢的女孩子的类型跟金志德的女朋友不一样。（　）

三、再听一遍录音，请回答下列问题：

1. 金志德要跟谁结婚？
2. 金志德的汉语为什么进步很快？
3. 要跟金志德结婚的那个女孩子怎么样？
4. 女的"真没想到"什么？
5. 男的喜欢什么类型的女孩子？

四、写下你听到的句子：

1. _____。
2. _____。
3. _____。

第二部分　以下是根据第二段课文的问题

一、连续听两遍录音，边听边填空：

1. 海伦，快到_____了，你有什么打算？
2. 我打算去桂林_____，听说桂林的山水美极了。你呢？暑假打算做什么？
3. 我上次的汉语水平考试只_____就能到8级了。
4. 真是太_____了。
5. 祝你这次能考个好_____！

二、再听一遍录音，判断正误：

1. 男的上次的汉语水平考试没能到八级。（　）
2. 男的暑假要学习。（　）
3. 女的要和男的一起学习。（　）
4. 女的希望男的这次能考个好成绩。（　）

三、再听一遍录音，请回答下列问题：

1. 女的暑假有什么打算？
2. 女的为什么要去桂林旅游？
3. 男的上次的汉语水平考试成绩怎么样？
4. 男的暑假有什么打算？

四、写下你听到的句子：

1. _____。
2. _____。
3. _____。

第二部分　HSK 模拟试题

根据录音及问题，在 A、B、C、D 四个答案中选择唯一恰当的答案：

1. A. 高兴
   B. 不满
   C. 吃惊
   D. 担心

2. A. 他的汉语进步得很奇怪
   B. 真奇怪他的汉语进步得不快
   C. 真奇怪他的汉语进步得那么快
   D. 说话人明白了他的汉语进步得那么快的原因，不再觉得奇怪

3. A. 那是你喜欢的类型
   B. 那不是你喜欢的类型
   C. 说话人想知道你喜欢什么类型
   D. 说话人想知道你有没有喜欢的类型

4. A. 是谁说的
   B. 是谁说的不是
   C. 同意对方的说法
   D. 不同意对方的说法

5. A. 桂林很远
   B. 桂林很漂亮
   C. 说话人美极了
   D. 说话人以前去过桂林

6. A. 说话人知道女儿喜欢他送的礼物
   B. 说话人知道女儿不喜欢他送的礼物
   C. 说话人不知道女儿喜欢他送的礼物
   D. 说话人没想到女儿不喜欢他送的礼物

7. A. 十五
   B. 十六
   C. 十七
   D. 十八

8. A. 以前小李的韩语很好
   B. 现在小李的韩语不好
   C. 现在小李的韩语进步了
   D. 以前小李学习汉语很努力

9. A. 6月15号
   B. 7月15号
   C. 8月15号
   D. 9月15号

10. A. 他觉得今天张林很有意思
    B. 他觉得今天张林的课很好
    C. 他觉得今天张林应该去上课
    D. 他觉得今天张林没去上课很有意思

第二十四课　今天天气真不错

生词

1.	天气	（名）	tiānqì	weather	날씨, 일기
2.	晴天	（名）	qíngtiān	sunny day	맑은 하늘, 맑게 갠 하늘
3.	热	（形）	rè	hot	덥다, 뜨겁다
4.	预报	（动）	yùbào	forecast	예보(하다)
5.	降温	（动）	jiàng wēn	drop in temperature	기온이 내려가다, 온도가 어지다
6.	也许	（副）	yěxǔ	maybe	어쩌면, 아마도, 혹시
7.	雨	（名）	yǔ	rain	비
8.	太阳	（名）	tàiyáng	sun	태양, 해, 햇빛
9.	可能	（副）	kěnéng	maybe	~이 가능하다, 할 수 있다, 아마도
10.	准	（形）	zhǔn	exact	정확하다, 정밀하다, 표준
11.	变化	（动）	biànhuà	change	변화하다
12.	早	（形）	zǎo	early	이르다
13.	骑车	（动）	qí chē	to ride a bike	자전거를 타다
14.	自行车	（名）	zìxíngchē	bike	자전거
15.	近	（形）	jìn	near	가깝다, 가까이하다, 밀접하다
16.	一会儿		yíhuìr	a little while	곧, 잠시, 잠깐
17.	气候	（名）	qìhòu	climate	기후
18.	干燥	（形）	gānzào	dry	건조하다, 무미건조하다, 재미없다
19.	不但……		búdàn...	not only...	~뿐 아니라
	而且……	（连）	érqiě...	but also...	또한, 게다가
20.	刮	（动）	guā	to blow	바람이 불다
21.	风	（名）	fēng	wind	바람, 풍속
22.	离	（动）	lí	away	~로부터, ~에서
23.	一样	（形）	yíyàng	be alike	같다, 동일하다
24.	春天	（名）	chūntiān	spring	봄

25.	秋天	（名）	qiūtiān	autumn	가을
26.	比较	（副）	bǐjiào	comparatively	비교적
27.	湿润	（形）	shīrùn	moist	습윤하다, 축축하다
28.	夏天	（名）	xiàtiān	summer	여름
29.	冬天	（名）	dōngtiān	winter	겨울

第一部分 以下是根据第一段课文的问题

一、连续听两遍录音，边听边填空：

1. 今天_____真不错！
2. 是啊，是个大_____，不冷也不_____，很舒服。
3. 可是昨天的天气预报说今天降温，也许还会_____呢。
4. 不会吧，今天_____多好，怎么可能下雨呢？我看天气预报又不准了。
5. 早知道我就坐公共汽车来上班了，下雨天骑_____多不方便啊！

二、再听一遍录音，判断正误：

1. 今天天气不好。（ ）
2. 天气预报说今天一定会下雨。（ ）
3. 男的觉得天气预报很准。（ ）
4. 最近天气变化很快。（ ）
5. 男的家离他上班的地方很近。（ ）

三、再听一遍录音，请回答下列问题：

1. 今天天气怎么样？
2. 天气预报说什么？
3. 男的觉得今天会下雨吗？
4. 男的今天是怎么去上班的？

四、写下你听到的句子：

1._____。
2._____。
3._____。

第二部分 以下是根据第二段课文的问题

一、连续听两遍录音，边听边填空：

1. 还不太习惯，太_____了。你呢？
2. 我也不太习惯。这儿不但干燥，_____常常刮风。
3. 韩国_____中国很近，那儿也这样吗？
4. 跟这儿不_____，比这儿湿润一些。
5. 听中国朋友说，_____和秋天比较干燥，夏天和冬天好一些。

二、再听一遍录音，判断正误：

1. 对话中的两个人都不习惯这儿的气候。（   ）
2. 这儿常常下雨。（   ）
3. "这儿"是韩国的一个地方。（   ）
4. 这儿的天气总是这样。（   ）
5. 这儿一年有四个季节。（   ）

三、再听一遍录音，请回答下列问题：

1. 对话中的两个人现在在哪个国家？
2. 这儿的气候怎么样？
3. 韩国的气候怎么样？
4. 男的听谁说过这儿的气候？
5. 这儿的气候什么时候好一些？

四、写下你听到的句子：

1._____。
2._____。
3._____。

第二部分 HSK 模拟试题

根据录音及问题,在 A、B、C、D 四个答案中选择唯一恰当的答案:

1. A. 昨天下雨了
   B. 今天不会下雨
   C. 今天可能会下雨
   D. 今天一定会下雨

2. A. 太阳不好,所以会下雨
   B. 没有太阳的时候可能下雨
   C. 有太阳的时候不可能下雨
   D. 太阳很好,所以可能下雨

3. A. 他知道坐公共汽车来上班
   B. 他早上坐公共汽车来上班
   C. 他应该坐公共汽车来上班
   D. 他就是坐公共汽车来上班的

4. A. 他已经到家了
   B. 他很晚才到家
   C. 他不用很久就能到家
   D. 他还要很久才能到家

5. A. 这儿四季都很干燥
   B. 这儿的冬天比较干燥
   C. 这儿四季的气候都很好
   D. 这儿春天的气候和夏天的气候不一样

6. A. 他是个爱说话的人.
   B. 他的话很多都很有道理
   C. 他的话很多都不是真的
   D. 他是个不喜欢说话的人

7. A. 先做准备再和朋友们去旅游
   B. 先做准备再和同学们去旅游
   C. 早上旅游,暑假和朋友们一起做准备
   D. 暑假做准备,早上和同学们一起去旅游

8. A. 1 米 84
   B. 1 米 86
   C. 1 米 88
   D. 1 米 89

9. A. 在中国,北方的夏天很热
   B. 在中国,南方的夏天很舒服
   C. 夏天中国的南方比北方湿润
   D. 夏天中国的北方比南方湿润

10. A. 这里经常有雨
    B. 这里有时刮风
    C. 这里的气候让人很舒服
    D. 这里的天气有时冷有时热

第二十五课 还有卧铺票吗

生词

1.	劳驾	（动）	láo jià	excuse me	죄송합니다, 미안합니다(부탁 양보를 청할 때 씀)
2.	后天	（名）	hòutiān	the day after tomorrow	모레
3.	火车	（名）	huǒchē	train	기차
4.	趟	（量）	tàng	(measure word for a single trip of a train)	차례, 번(사람, 차 등의 왕래 횟수)
5.	卧铺	（名）	wòpù	sleeper	(기차, 여객선 등의)침대(칸)
6.	车次	（名）	chēcì	train number	열차번호
7.	只有	（副）	zhǐyǒu	only	오직, 오로지
8.	软座	（名）	ruǎnzuò	soft seat or berth (on a train)	(열차 좌석의 한종류)푹신한 좌석(열차의) | 등석
9.	硬座	（名）	yìngzuò	hard seat or berth (on a train)	일반(보통)석
10.	加	（动）	jiā	to add	더하다, 붙이다, 가하다
11.	手续	（名）	shǒuxù	procedure	수속, 절차
12.	费	（名）	fèi	charge	비용, 수수료, 요금
13.	刚	（副）	gāng	just	방금, 지금, 막하다
14.	摩托车	（名）	mótuōchē	motorcycle	오토바이
15.	虽然	（连）	suīrán	although	비록 ~일지라도, 설령 ~일지라도
16.	二手	（形）	èrshǒu	second-hand	중고
17.	危险	（形）	wēixiǎn	dangerous	위험하다
18.	住	（动）	zhù	to reside	살다, 거주하다, 머무르다
19.	搬	（动）	bān	to move	이사하다, 옮기다, 운반하다

20.	安全	（形）	ānquán	safe	안전하다
21.	对了		duìle	right	그렇습니다，맞습니다
22.	出	（动）	chū	to go out	나가다，출석하다
23.	周	（名）	zhōu	week	주，주일
24.	租	（动）	zū	to rent	세내다，임차하다，세놓다，임대하다
25.	套	（量）	tào	suit	벌，조，세트
26.	感觉	（动）	gǎnjué	sense	느끼다
27.	自由	（形）	zìyóu	freedom	자유롭다

第一部分 以下是根据第一段课文的问题

一、连续听两遍录音，边听边填空：

1. 劳驾，我想订一张_____去西安的火车票。
2. 我要_____的。还有卧铺票吗？
3. 两个车次的卧铺票都卖完了，_____软座和硬座了。
4. 那我就要下午的车票好了。_____一张软座，给您钱。
5. 请再_____五块钱的手续费。

二、再听一遍录音，判断正误：

1. 男的正在打电话订火车票。（ ）
2. 后天有上午去西安的火车。（ ）
3. 男的想买一张晚上的卧铺票。（ ）
4. 女的给了男的一张软座票。（ ）
5. 男的还要再给女的五块钱。（ ）

三、再听一遍录音，请回答下列问题：

1. 对话中的女的是做什么的？
2. 男的什么时候去西安？
3. 最后男的会坐哪一趟火车去西安？
4. 女的为什么要多收五块钱？

四、写下你听到的句子：

1. _____。
2. _____。
3. _____。

第二部分 以下是根据第二段课文的问题

一、连续听两遍录音，边听边填空：

1. 听说你最近_____买了一辆摩托车？
2. 是啊。虽然是_____的，可是很好骑。
3. 你还不知道吧？我搬到学校_____住了，骑摩托车又快又方便。
4. 那你可得注意_____啊！对了，你什么时候搬出去的？
5. 生活更_____了，就是上课远了点儿，所以才买了这辆摩托车。

二、再听一遍录音，判断正误：

1. 男的买了一辆新的摩托车。（　）
2. 女的觉得骑摩托车不安全。（　）
3. 男的买了一套房子。（　）
4. 男的现在住的房子在学校附近。（　）
5. 男的觉得在外边住又安全又方便。（　）

三、再听一遍录音，请回答下列问题：

1. 男的买了一辆什么样的摩托车？
2. 男的为什么买摩托车？
3. 女的觉得骑摩托车怎么样？
4. 男的是什么时候搬家的？
5. 男的觉得住在外边感觉怎么样？

四、写下你听到的句子：

1. _____。
2. _____。
3. _____。

第三部分　HSK 模拟试题

根据录音及问题,在 A、B、C、D 四个答案中选择唯一恰当的答案:

1. A. 说话人不想买票
   B. 说话人已经去了西安
   C. 说话人还没有拿到票
   D. 说话人已经买了火车票

2. A. 后天上午有去西安的火车
   B. 后天下午有去西安的火车
   C. 后天晚上有去西安的火车
   D. 后天有两趟去西安的火车

3. A. 是新的
   B. 是旧的
   C. 骑起来很方便
   D. 骑起来很容易

4. A. 你应该知道我已经搬到学校外边住了
   B. 我告诉你吧,我已经搬到学校外边住了
   C. 你知道不知道我已经搬到学校外边住了
   D. 你为什么不知道我已经搬到学校外边住了

5. A. 生活自由,上课也很方便
   B. 生活不自由,上课很方便
   C. 生活自由,上课有点不方便
   D. 生活不自由,上课也很不方便

6. A. 说话人以前搬家了
   B. 说话人卖了电视机
   C. 现在电视机是小李的
   D. 说话人买的电视机是二手的

7. A. 红的
   B. 蓝的
   C. 黑的
   D. 白的

8. A. 你骑车很安全
   B. 你骑车很危险
   C. 你骑车骑得不好
   D. 你骑车骑得太多

9. A. 周一
   B. 周二
   C. 周三
   D. 周四

10. A. 小李
    C. 小张
    B. 小王
    D. 不知道

第二十六课 祝你生日快乐

生词

1.	束	（量）	shù	bundle	다발, 묶음, (양사)
2.	花儿	（名）	huār	flower	꽃
3.	祝	（动）	zhù	to express good wishes; to wish	축하하다, 축복하다, 빌다, 축원하다
4.	快乐	（形）	kuàilè	happy	즐겁다, 유쾌하다
5.	礼物	（名）	lǐwù	gift	예물, 선물
6.	唱	（动）	chàng	to sing	노래하다
7.	首	（量）	shǒu	(measure word)	(시, 노래 등을 셀 때)수, 곡, 머리
8.	歌	（名）	gē	song	노래, 가곡
9.	难听	（形）	nántīng	to sound upleasent	듣기 싫다, 귀에 거슬리다
10.	死	（形）	sǐ	dead	죽다, 그치다, 그만두다, ~해죽
11.	从来	（副）	cónglái	all the time	지금까지, 여태껏, 이제까지
12.	被	（介）	bèi	preposition	입다, 받다 당하다
13.	吓	（动）	xià	to frighten	놀라다, 놀라게 하다
14.	跑	（动）	pǎo	to run away	도망가다, 도주하다, 뛰다
15.	汽车	（名）	qìchē	car	자동차
16.	辆	（量）	liàng	(measure word)	대(차를 셀 때 쓰는 양사)
17.	开玩笑		kāi wánxiào	to play jokes	농담하다, 웃기다
18.	那么	（连）	nàme	like that, in that way	그렇다면
19.	贷款	（动）	dài kuǎn	loan; credit	대부하다, 대출하다
20.	催	（动）	cuī	to hasten	독촉하다, 재촉하다, 다그치다
21.	着	（助）	zhe	(modal particle)	~하고 있다, ~하는 중이다
22.	结婚	（动）	jié hūn	to marry	결혼하다

23. 房子	（名）	fángzi	house	집, 건물
24. 上班	（动）	shàng bān	to go to work	출근하다
25. 下班	（动）	xià bān	to come or go off work	퇴근하다
26. 有时候		yǒu shíhòu	occasionally	때로는, 이따금, 경우에 따라서는
27. 堵	（动）	dǔ	to block up	막다, 가로막다, 답답해지다, 닭
28. 厉害	（形）	lìhai	terrible	대단하다, 굉장하다, 심하다, 무섭다

专 名	PROPER NOUN	고유명사
1. 王	Wáng	Wang(surname)	왕 씨(성씨)

第一部分 以下是根据第一段课文的问题

一、连续听两遍录音，边听边填空：

1. 知恩，这_____花是送给你的，祝你生日快乐！
2. 我也有_____要送给你，不过，你要先唱一_____歌。
3. 我唱歌唱得_____死了，你还不知道？
4. 我还_____没听过知恩唱歌呢，给我们唱一首吧。
5. 好吧，那我就来一首，你们可不要被_____跑呀。

二、再听一遍录音，判断正误：

1. 今天是知恩的生日。（ ）
2. 朋友送给知恩的生日礼物是一束花和一首歌。（ ）
3. 知恩觉得自己唱歌不好听。（ ）
4. 男的没听过知恩唱歌。（ ）
5. 听完歌的人都吓跑了。（ ）

三、再听一遍录音，请回答下列问题：

1. 录音中的人们在干什么？
2. 知恩收到的第一份礼物是什么？

3. 知恩唱歌怎么样？
4. 知恩答应唱歌了吗？
5. 知恩为什么觉得朋友会跑？

四、写下你听到的句子：

1. _____。
2. _____。
3. _____。

第二部分 以下是根据第二段课文的问题

一、连续听两遍录音，边听边填空：

1. 小李，现在汽车便宜了，你不想买一_____？
2. 王姐，别_____了，我哪有那么多钱买汽车呀？
3. 我女朋友还催着_____呢，我还是先买房子吧。
4. 要我说呀，先买汽车，有汽车_____班_____班多方便！
5. 方便是方便，可是有时候堵车堵得也很_____。

二、再听一遍录音，判断正误：

1. 现在汽车不贵。（　）
2. 女的是男的的姐姐。（　）
3. 男的可以请银行帮忙买汽车。（　）
4. 男的买了汽车放在了房子里。（　）
5. 男的觉得有时候会堵车，所以买汽车不一定方便。（　）

三、再听一遍录音，请回答下列问题：

1. 男的有汽车吗？为什么？
2. 男的结婚了吗？
3. 女的为什么觉得买汽车好？
4. 男的为什么要先买房子？
5. 男的觉得买汽车怎么样？

四、写下你听到的句子：

1. _____。
2. _____。
3. _____。

第二部分 HSK 模拟试题

根据录音及问题,在 A、B、C、D 四个答案中选择唯一恰当的答案:

1. A. 说话人快要死了
   B. 说话人很少唱歌
   C. 说话人唱的歌很难
   D. 说话人唱歌不好听

2. A. 说话人喜欢听知恩唱歌
   B. 知恩没有给说话人唱过歌
   C. 说话人觉得知恩唱歌不好听
   D. 说话人知道知恩唱歌很好听

3. A. 因为她不上班
   B. 因为她上班很远
   C. 因为她下班很晚
   D. 因为她工作和回家都会很方便

4. A. 我没有钱买汽车
   B. 我已经买了汽车
   C. 我不知道钱在哪儿
   D. 我在哪儿能买汽车

5. A. 开汽车的人很厉害
   B. 汽车多了就会堵车
   C. 有汽车很方便,堵车很厉害也没关系
   D. 有汽车很方便,但是堵车的时候就不方便了

6. A. 洗手
   B. 唱歌
   C. 点菜
   D. 买东西

7. A. 他很害怕
   B. 他很着急
   C. 他没想到你会来
   D. 他不知道你怎么了

8. A. 他发烧了,他没来上班
   B. 他发烧了,但是他上班了
   C. 他没有发烧,也没有来上班
   D. 他没有发烧,所以他来上班了

9. A. 说话人后天换钱
   B. 说话人催张小明后天还钱
   C. 张小明催说话人后天换钱
   D. 张小明觉得后天还钱太晚了

10. A. 家里
    B. 路上
    C. 学校
    D. 宿舍

第二十七课　周末出去玩了吗

生词

1.	出去	（动）	chūqù	to go out	나가다, 외출하다
2.	本来	（副）	běnlái	originally	본래, 원래
3.	突然	（形）	tūrán	abruptly	갑자기, 별안간, 의외이다, 뜻밖이다
4.	整	（形）	zhěng	whole	완전하다, 온전하다, 정리하다, 단정하다
5.	小说	（名）	xiǎoshuō	novel	소설
6.	无聊	（形）	wúliáo	boring	무료하다, 지루하다, 시시하다
7.	够	（形）	gòu	enough(to reach a certain extent)	충분하다, 넉넉하다, 족하다
8.	倒霉	（形）	dǎoméi	unlucky	재수없다, 운수 사납다, 불운하다
9.	长	（形）	cháng	long	길다
10.	淋	（动）	lín	to pour	(비를)맞다, (비에)젖다
11.	赶紧	（副）	gǎnjǐn	hurry up	서둘러, 급히, 재빨리
12.	打的	（动）	dǎ dī	go by taxi, take a taxi	택시를 타다
13.	巧	（形）	qiǎo	coincidental	공교롭다, 공교하다, 교묘하다
14.	遇	（动）	yù	to meet	만나다, 조우하다, 대우하다, 대접하다
15.	参加	（动）	cānjiā	to take part in	참가하다, 참여하다, 참석하다
16.	哦	（叹）	ò	(modal particle)	아!오!
17.	个人	（名）	gèren	individual	개인, 나(자신), 저(자신)
18.	问题	（名）	wèntí	problem	문제, 중요한 일
19.	解决	（动）	jiějué	to solve	해결하다
20.	要求	（名）	yāoqiú	demand	요구, 요망
21.	眼光	（名）	yǎnguāng	insight	안목, 관점, 눈길, 시선

第二十七课
周末出去玩了吗

22.	嘛	（助）	ma	(modal particle)	뚜렷한 사실 강조시, 반문의 어조
23.	性格	（名）	xìnggé	nature	성격
24.	合适	（形）	héshì	suitable	알맞다, 적당하다, 적합하다
25.	重要	（形）	zhòngyào	important	중요하다

专 名	PROPER NOUN	고유명사
北京	Běijīng name of a city	중국 북경(지명)

第一部分 以下是根据第一段课文的问题

一、连续听两遍录音，边听边填空：

1. 周末＿＿＿＿玩儿了吗？
2. ＿＿＿＿想出去玩，可是突然下起雨来，只好在家里看了一整天小说。
3. 我也＿＿＿＿倒霉＿＿＿＿。
4. 我上午＿＿＿＿着孩子去了公园，没想到没玩儿多＿＿＿＿时间就下雨了。
5. 还好，我们一看下雨就赶紧＿＿＿＿回家了。

二、再听一遍录音，判断正误：

1. 男的很喜欢看书。（ ）
2. 男的要工作，所以周末没出去玩。（ ）
3. 周末下雨了。（ ）
4. 女的是男的的爱人。（ ）
5. 女的和孩子坐出租车回家了。（ ）

三、再听一遍录音，请回答下列问题：

1. 周末天气怎么样？
2. 男的周末干什么了？
3. 男的觉得周末过得怎么样？
4. 女的周末去了哪儿？
5. 女的是怎么回家的？

四、写下你听到的句子:

1. _____。
2. _____。
3. _____。

第二部分　以下是根据第二段课文的问题

一、连续听两遍录音,边听边填空:

1. 这不是李林吗?真_____,几年没见,没想到在火车上遇到了。
2. 我在北京的一个朋友这个周末结婚,我去_____他的婚礼。
3. 对了,你的个人_____解决了吗?
4. 我还不着急。再说现在的女孩子_____也太高了。
5. 你的眼光也不要那么高嘛!两个人性格_____最重要了。

二、再听一遍录音,判断正误:

1. 录音中的两个人约好在北京见面。(　)
2. 男的和女的要结婚了。(　)
3. 女的去北京工作。(　)
4. 男的有朋友住在北京。(　)
5. 女的觉得男的眼光很高。(　)

三、再听一遍录音,请回答下列问题:

1. 这段对话发生在哪儿?
2. 男的叫什么名字?
3. 女的要去哪儿?
4. 男的周末要干什么?
5. 女的觉得两个人在一起什么最重要?

四、写下你听到的句子:

1. _____。
2. _____。
3. _____。

第二部分 HSK 模拟试题

根据录音及问题,在 A、B、C、D 四个答案中选择唯一恰当的答案:

1. A. 在家
   B. 出去
   C. 看书
   D. 看小说

2. A. 说话人玩儿的时候下雨了
   B. 说话人还没玩儿就下雨了
   C. 说话人和孩子下午去了公园
   D. 说话人和孩子玩儿了很长时间

3. A. 他要去工作
   B. 他要去学习
   C. 他要去结婚
   D. 他的朋友要结婚

4. A. 漂亮
   B. 有钱
   C. 没钱
   D. 性格合适

5. A. 工作
   B. 学习
   C. 结婚
   D. 考试

6. A. 下雨了
   B. 小王回家了
   C. 小王换好衣服了
   D. 小王的衣服坏了

7. A. 难过
   B. 着急
   C. 生气
   D. 吃惊

8. A. 他平时的爱好
   B. 他平时的打算
   C. 他看过的小说
   D. 他逛过的商店

9. A. 说话人觉得她很好
   B. 说话人觉得她做饭很好吃
   C. 说话人觉得她洗衣服很好
   D. 说话人觉得她不会洗衣服

10. A. 小李结婚了
    B. 小李没结婚
    C. 小李的爸爸妈妈不着急
    D. 小李的爸爸妈妈有办法

第二十八课　你还住在原来的地方吗

生词

1.	太太	（名）	tàitai	wife	부인(존경어)
2.	正好	（副）	zhènghǎo	just right	공교롭게도, 때마침, 꼭 알맞다, 딱 좋다
3.	高中	（名）	gāozhōng	senior high school	고등학교
4.	一块儿	（副）	yíkuàir	together	함께, 같이
5.	聚	（动）	jù	to gather；to assemble	모이다, 집합하다
6.	久	（名）	jiǔ	for a long time	오랫동안
7.	该	（助动）	gāi	should；ought	(마땅히)~해야 한다
8.	原来	（名）	yuánlái	formerly	원래, 본래, 알고 보니
9.	记	（动）	jì	to remember	기록하다
10.	期末	（名）	qīmò	the end of term or semester	기말, 학기말
11.	篇	（量）	piān	(measure word for article)	편(논문 등을 세는 단위)
12.	学期	（名）	xuéqī	semester	학기
13.	论文	（名）	lùnwén	thesis	논문
14.	查	（动）	chá	to check	찾아보다, 조사하다, 검사하다
15.	资料	（名）	zīliào	material	자료
16.	图书馆	（名）	túshūguǎn	library	도서관
17.	各种		gèzhǒng	various	각종(의), 여러가지
18.	专业	（名）	zhuānyè	specialty	전공, 전문(업종)
19.	书籍	（名）	shūjí	books	서적, 책
20.	阅览室	（名）	yuèlǎnshì	reading room	열람실
21.	文科	（名）	wénkē	liberal arts	문과

22. 处	（名）	chù	department	처(기관, 단체 내의 조직 단위), 곳, 장소
23. 理科	（名）	lǐkē	science	이과, 자연과학대학(대학의)
24. 属于	（动）	shǔyú	to belong to	~의 범위에 속하다
25. 聪明	（形）	cōngmíng	clever	총명하다, 똑똑하다, 영명하다
26. 一……就……		...yī...jiù	as soon as/no sooner... than	하자 곧 ~하다, ……하게 되자 ~하다
27. 新	（形）	xīn	new	새롭다, 금방, 새로이
28. 网	（名）	wǎng	network	인터넷
29. 帮忙	（动）	bāng máng	to help	돕다, 원조하다
30. 不好意思		bù hǎo yìsi	to feel embarrassed	부끄럽다, 쑥스럽다, 계면쩍다, 난처하다

| 专名 | | PROPER NOUN | | 고유명사 |
| 张伟 | Zhāng Wěi | name of a person | | 장위(인명) |

第一部分 以下是根据第一段课文的问题

一、连续听两遍录音, 边听边填空:

1. 王玲, 我是张伟, 明天是我_____的生日。
2. 好啊, 我也好_____没见她了, 是该聚聚了。
3. 你还住在_____的地方吗？
4. 等等, 你再说一遍, 我_____一下。
5. 你等一下, 我_____下去接你。

二、再听一遍录音, 判断正误:

1. 明天是男的的生日。（　）
2. 女的和男的的太太是高中同学。（　）
3. 男的不久前搬家了。（　）
4. 女的没找到男的的家。（　）

5. 男的很快就去接女的。（ ）

三、再听一遍录音,请回答下列问题：

1. 明天是谁的生日？
2. 谁和谁是高中同学？
3. 男的家住在哪儿？
4. 女的为什么没找到男的家？

四、写下你听到的句子：

1. _____。
2. _____。
3. _____。

第二部分 以下是根据第二段课文的问题

一、连续听两遍录音,边听边填空：

1. 快到_____了,我要写一篇学期论文,哪里可以查资料呢？
2. 当然是_____了,那里有各种专业的书籍。
3. 图书馆的一楼是阅览室,二楼是文科借书处,三楼是_____借书处。
4. 我的_____是汉语,属于文科,所以应该去二楼看看,对吗？
5. 真_____,我一说你就明白了。

二、再听一遍录音,判断正误：

1. 女的是学生。（ ）
2. 男的知道哪里可以查资料。（ ）
3. 图书馆里有借书处。（ ）
4. 女的学习理科专业。（ ）
5. 这是女的第一次请男的帮忙。（ ）

三、再听一遍录音,请回答下列问题：

1. 女的为什么查资料？
2. 去图书馆借书可以去几楼？
3. 男的觉得女的怎么样？
4. 在哪儿可以查到最新的资料？
5. 女的要去哪儿？

四、写下你听到的句子：

1. _____。

2. _____。

3. _____。

第三部分　HSK 模拟试题

根据录音及问题，在 A、B、C、D 四个答案中选择唯一恰当的答案：

1. A. 说话人搬家太早了
   B. 说话人想在早上搬家
   C. 说话人早上已经搬家了
   D. 说话人很久以前就搬家了

2. A. 同学
   B. 同事
   C. 姐妹
   D. 师生

3. A. 他没说你就明白了
   B. 他怎么说你也不明白
   C. 他说了以后你还不明白
   D. 他说了以后你马上就明白了

4. A. 说话人想让张明帮忙
   B. 张明很不好意思帮忙
   C. 说话人总是很不好意思
   D. 张明帮了说话人很多次忙

5. A. 阅览室在二楼
   B. 文科借书处在三楼
   C. 借书处在二楼和三楼
   D. 理科借书处在文科借书处旁边

6. A. 看一本专业书
   B. 写一本专业书
   C. 给他一本专业书
   D. 买他一本专业书

7. A. 邮局
   B. 银行
   C. 商店
   D. 学校

8. A. 数学
   B. 物理
   C. 英语
   D. 建筑

9. A. 说话人不好
   B. 说话人觉得很对不起
   C. 说话人等了很长时间
   D. 说话人想知道你等了多长时间

10. A. 路口
    B. 邮局
    C. 对面
    D. 银行

第二十九课 我的手机坏了

生词

1.	坏	(形)	huài	broken	고장나다, 탈이 나다, 나쁘다
2.	毛病	(名)	máobìng	trouble	약점, 결점, 결함, 나쁜 버릇
3.	对方	(名)	duìfāng	the other (or opposite) side, the other party	상대방, 상대편
4.	声音	(名)	shēngyīn	sound	소리, 음성, 목소리
5.	过来	(动)	guòlai	come	(말하는 사람 쪽으로)오다
6.	里边	(名)	lǐbiān	inside; inner	내부, 속, ~이내, 동안
7.	零件	(名)	língjiàn	part; accessory	부품, 부속품
8.	过	(动)	guò	pass	초과하다, 지나다, (분수에)넘치다
9.	保修期	(名)	bǎoxiūqī	guarantee period	보증수리기간
10.	维修费	(名)	wéixiūfèi	maintenance fee	수리비
11.	放	(动)	fàng	to put	놓다, 두다, 놓아주다
12.	决定	(动)	juédìng	to decide	결정하다
13.	名牌儿	(名)	míngpáir	famous brand	유명상표
14.	价格	(名)	jiàgé	price	가격
15.	难看	(形)	nánkàn	ugly	보기 싫다, 흉하다
16.	电脑	(名)	diànnǎo	computer	컴퓨터
17.	质量	(名)	zhìliàng	quality	품질, 질, 질량
18.	好看	(形)	hǎokàn	good-looking	보기 좋다, 아름답다
19.	关系	(名)	guānxi	relation	연관, 관련
20.	吵	(动)	chǎo	to quarrel	떠들다
21.	售货员	(名)	shòuhuòyuán	seller	판매원, 점원
22.	意见	(名)	yìjiàn	opinion	의견

第二十九课
我的手机坏了

练习

第一部分 以下是根据第一段课文的问题

一、连续听两遍录音,边听边填空：

1. 师傅,我的手机_____了。
2. 你先说一下儿是什么_____。
3. 我接电话的时候,_____能听见我的声音,可是我听不到他的声音。
4. 已经_____了保修期了,所以我们要收维修费。
5. 零件加维修费一共四十块钱。你先_____这儿,半个小时以后来取吧。

二、再听一遍录音,判断正误：

1. 男的是女的的老师。（　）
2. 女的的手机有毛病。（　）
3. 女的有发票。（　）
4. 女的不用交维修费。（　）
5. 女的的手机明天才能修好。（　）

三、再听一遍录音,请回答下列问题：

1. 手机有什么毛病?
2. 女的用手机用了多长时间了?
3. 女的为什么要交维修费?
4. 女的一共交了多少钱?

四、写下你听到的句子：

1. _____。
2. _____。
3. _____。

第二部分 以下是根据第二段课文的问题

一、连续听两遍录音,边听边填空:

1. 都逛了三个小时了,_____买哪种了没有?
2. 再比较一下吧,这种是名牌儿,可是_____太高。
3. 买电脑质量是最重要的,跟好看不好看有什么_____?
4. 这你就说得不对了,我每天都要_____电脑,看着好看才舒服嘛。
5. 我们别_____了,还是听听售货员的意见吧!

二、再听一遍录音,判断正误:

1. 录音中的人在逛街。( )
2. 女的不知道买哪种手机好。( )
3. 男的觉得电脑的颜色很重要。( )
4. 女的认为电脑看着好看,心里才舒服。( )

三、再听一遍录音,请回答下列问题:

1. 录音中的人逛了多长时间了?
2. 他们要买什么?
3. 女的为什么没决定买哪种好?
4. 男的觉得什么最重要?
5. 最后他们想听谁的意见?

四、写下你听到的句子:

1. _____。
2. _____。
3. _____。

第三部分　HSK 模拟试题

根据录音及问题,在 A、B、C、D 四个答案中选择唯一恰当的答案:

1. A. 说话人觉得手机没问题
   B. 手机有问题,可说话人觉得不难修理
   C. 说话人觉得手机有大问题
   D. 手机没问题,可说话人觉得以后会有大问题

2. A. 维修费四十元
   B. 零件费四十元
   C. 维修费不到四十元
   D. 零件费超过四十元

3. A. 那台电脑又贵又漂亮
   B. 那台电脑又便宜又漂亮
   C. 那台电脑便宜,可不漂亮
   D. 那台电脑很贵,可很漂亮

4. A. 跟好看有关系
   B. 跟不好看有关系
   C. 和好看不好看都没关系
   D. 和好看不好看都有关系

5. A. 说话人喜欢用电脑
   B. 说话人不喜欢用电脑
   C. 说话人用电脑很不舒服
   D. 说话人喜欢漂亮的电脑

6. A. 10 元
   B. 12 元
   C. 120 元
   D. 156 元

7. A. 质量不差
   B. 坏了很多次
   C. 看了很长时间
   D. 出了几天毛病

8. A. 因为有声音
   B. 因为他看见有人
   C. 因为他去外面了
   D. 因为他打电话问了

9. A. 8 点
   B. 9 点
   C. 8 点半
   D. 9 点半

10. A. 出租车太贵,公共汽车太挤
    B. 出租车太少,公共汽车太慢
    C. 出租车太快,公共汽车太慢
    D. 出租车太挤,公共汽车不安全

第三十课　你习惯中国的生活了吗

生词

1.	慢	（形）	màn	slow	느리다, 늦추다, 미루다
2.	地	（助）	de	（structural particle）	동사, 형용사를 수식할 때 쓰임.
3.	简直	（副）	jiǎnzhí	at all, simply	정말, 차라리, 솔직하게, 똑바로
4.	胖	（形）	pàng	fat	뚱뚱하다, 살찌다
5.	文化	（名）	wénhuà	culture	문화, （일반 교양）지식
6.	了解	（动）	liǎojiě	to acquaint oneself with; to understand	알다, 이해하다, 조사하다
7.	传统	（名）	chuántǒng	tradition	전통
8.	服装	（名）	fúzhuāng	clothing	복장
9.	旗袍	（名）	qípáo	Cheongsam	중국 여성들이 입는 원피스 형태의 건통 의복
10.	省	（名）	shěng	province	성（중국의 최상급 지방행정 단위）
11.	期间	（名）	qījiān	period	기간
12.	游览	（动）	yóulǎn	to visit	유람하다
13.	左右	（名）	zuǒyòu	about	가량, 안팎, 내외
14.	印象	（名）	yìnxiàng	impression	인상
15.	深	（形）	shēn	deep	깊다, 깊숙하다, 심오하다
16.	友好	（形）	yǒuhǎo	friendly	우호적이다
17.	发展	（名）	fāzhǎn	development	발전
18.	速度	（名）	sùdù	speed	속도
19.	交流	（动）	jiāoliú	to exchange; to intercommunicate	교류（하다）
20.	机会	（名）	jīhuì	opportunity	기회
21.	外国	（名）	wàiguó	foreign country	외국

22. 愿意　（动）　yuànyì　　to like; to prefer　~하기를 바라다, 희망하다, 동의하다

第一部分　以下是根据第一段课文的问题

一、连续听两遍录音，边听边填空：

1. 怎么说呢？刚来的时候不太习惯，现在已经_____地习惯了。
2. 现在_____是太喜欢吃中国菜了，所以比来的时候胖多了。
3. 你对中国_____也了解了不少了吧？
4. 了解了一些，我特别喜欢中国的传统_____，还买了一件旗袍呢！
5. 听说你非常喜欢_____，去了很多地方了吧？

二、再听一遍录音，判断正误：

1. 女的来中国半年多了。（　）
2. 女的已经习惯中国的生活了。（　）
3. 女的比以前胖多了。（　）
4. 女的不了解中国文化。（　）
5. 女的已经去过中国很多地方了。（　）

三、再听一遍录音，请回答下列问题：

1. 刚来中国的时候，女的习惯中国的生活吗？现在呢？
2. 女的为什么胖了？
3. 女的特别喜欢中国的什么？
4. 女的买了什么？
5. 在中国学习期间，女的有什么打算？

四、写下你听到的句子：

1. _____。
2. _____。
3. _____。

第二部分 以下是根据第二段课文的问题

一、连续听两遍录音,边听边填空:

1. 需要一个半小时_____。
2. 印象最_____的是中国很大。
3. 还有就是中国人非常多,而且我觉得中国人都很_____,也很热情。
4. 中国_____的发展速度也很快,和其他国家交流的_____更多了,所以很多外国人都愿意来中国。

二、再听一遍录音,判断正误:

1. 男的觉得韩国离中国不远。（　）
2. 女的觉得中国很大。（　）
3. 女的有很多中国朋友。（　）
4. 女的觉得中国经济的发展速度很快。（　）
5. 现在来中国的外国人比以前多。（　）

三、再听一遍录音,请回答下列问题:

1. 从韩国坐飞机到济南要花多长时间?
2. 女的对中国印象最深的是什么?
3. 女的觉得中国人怎么样?
4. 现在中国的经济怎么样?
5. 外国人为什么愿意来中国?

四、写下你听到的句子:

1. _____。
2. _____。
3. _____。

第二部分 HSK 模拟试题

根据录音及问题,在 A、B、C、D 四个答案中选择唯一恰当的答案:

1. A. 说话人比以前胖了
   B. 说话人吃了很多中国菜
   C. 说话人现在很喜欢中国菜
   D. 说话人现在很不喜欢中国菜

2. A. 说话人去过 5 个省
   B. 说话人去过 6 个省
   C. 说话人她去过 56 个省
   D. 说话人去过 5 个或者 6 个省

3. A. 吃的
   B. 喝的
   C. 衣服
   D. 学习

4. A. 说话人去过了很多地方
   B. 说话人去遍了所有的地方
   C. 说话人想去很多地方旅游
   D. 说话人没去过的地方不多

5. A. 说话人喜欢中国人
   B. 说话人觉得中国很热
   C. 说话人觉得中国人很好
   D. 说话人有很多中国朋友

6. A. 老刘的家是商店
   B. 老刘喜欢逛商店
   C. 老刘喜欢买东西
   D. 老刘的商店卖衣服

7. A. 吃的
   B. 看的
   C. 玩的
   D. 衣服

8. A. 他有电影
   B. 他和小张看电影
   C. 小张的电影他都看了
   D. 小张的电影他看了很多遍

9. A. 他们没有五百块钱
   B. 他们有五百块钱左右
   C. 他们每人花了五百块钱
   D. 他们两个人花了大概五百块钱

10. A. 他很小
    B. 他有件事
    C. 他忘记那件事了
    D. 他想起那件事了

录音文本及答案

第一课　语音(一)

一、跟读：

b　p　m　f　d　t　n　l　g　k　h　j　q　x
a　o　e　i　u　ü　ai　ao　ou　ei　an　en　in
un　üe　ie　iou　uei　ang　eng　ing　ong

二、写出你听到的声母：

1. p　　　2. t　　　3. m　　　4. k
5. n　　　6. b　　　7. f　　　8. d
9. ch　　10. l　　11. h　　12. q
13. j　　14. x　　15. zh　　16. r

三、写出你听到的韵母：

1. a　　　2. i　　　3. o　　　4. u
5. ü　　　6. ai　　7. e　　　8. an
9. ing　　10. ang　　11. iou　　12. ei
13. ao　　14. ou　　15. en　　16. ie

四、听录音,填声母：

1. n ǔ(努)　　2. h ǎo(好)　　3. t ú(图)　　4. l ǚ(旅)
5. m èi(妹)　　6. d ài(待)　　7. l áo(劳)　　8. f ēi(非)
9. p ǎo(跑)　　10. b ǎi(百)　　11. c àn(灿)　　12. h ěn(很)
13. f àng(放)　　14. g ē(歌)　　15. k è(课)

五、听录音,填韵母:

1. b__ǎn__（板） 2. g__ēn__（跟） 3. l__ái__（来）
4. p__àng__（胖） 5. n__uó__（挪） 6. m__én__（门）
7. m__ǒu__（某） 8. j__ǐng__（景） 9. b__ào__（报）
10. q__uè__（却） 11. x__ǔ__（许） 12. t__iě__（铁）
13. h__uì__（会） 14. d__ūn__（吨） 15. n__ǚ__（女）

六、选出你听到的音节:

1. ②pái(排) 2. ②tāo(涛) 3. ②shàn(善)
4. ②pén(盆) 5. ①pàng(胖) 6. ②kǔn(捆)
7. ①nǚ(女) 8. ①pàn(盼) 9. ①fèi(肺)
10. ②nào(闹) 11. ①bō(波) 12. ②qí(其)
13. ①nèi(内) 14. ①kǎo(考) 15. ②háng(航)
16. ①lín(林) 17. ②bàn(办) 18. ①fēi(飞)
19. ②dǎng(挡) 20. ②qiàng(呛) 21. ②lài(赖)
22. ①jiǔ(九) 23. ①rě(惹) 24. ①chuāi(揣)
25. ①mó(摩) 26. ①nǐ(你) 27. ②xiōng(兄)
28. ②nüè(疟) 29. ②chèng(秤) 30. ②sī(丝)

第二课　语音(二)

一、跟读：

j q x z c s r zh ch sh

ia ie in er iao eng ong ian uang ueng

ua uo un üe uai uei(-ui) uen(-un) iang iong

二、写出你听到的声母：

1. sh   2. r   3. j   4. ch
5. zh   6. c   7. x   8. q
9. s   10. q   11. t   12. z

三、写出你听到的韵母：

1. iang   2. iong   3. ie   4. er
5. ian   6. ia   7. iao   8. in
9. eng   10. iao   11. ong   12. iou(-iu)
13. ua   14. uo   15. uai   16. uei(-ui)
17. uan   18. uen(-un)   19. uang   20. ueng
21. üe   22. uan   23. ai   24. un

四、听录音，填声母：

1. x ié(鞋)   2. j ià(嫁)   3. z é(择)
4. c òu(凑)   5. q iǎo(巧)   6. s āi(塞)
7. ch ēng(撑)   8. zh ǒng(肿)   9. sh é(蛇)
10. r ǎn(染)   11. s uō(缩)   12. sh ǎn(闪)
13. ch én(沉)   14. c áng(藏)   15. z òng(纵)
16. x iū(修)   17. q iàn(欠)   18. j iě(解)
19. r è(热)   20. ch ǎng(厂)   21. n iú(牛)

五、听录音，填韵母：

1. r òu (肉)   2. sh ēng (生)   3. ch ǎo (吵)

4. zh__ōu__（周）　　5. c__uì__（脆）　　6. z__ǎn__（攒）
7. c__è__（册）　　　8. x__í__（习）　　　9. j__iān__（尖）
10. q__īn__（亲）　　11. d__uō__（多）　　12. t__uī__（推）
13. l__uàn__（乱）　　14. z__ūn__（尊）　　15. c__ù__（醋）
16. s__uì__（碎）　　17. zh__uā__（抓）　　18. ch__uī__（吹）
19. sh__uàn__（涮）　20. r__ùn__（润）　　21. g__uō__（锅）
22. k__uī__（亏）　　23. h__uǎng__（晃）　24. n__ǚ__（女）
25. l__üè__（略）　　26. q__uān__（圈）　　27. s__ūn__（孙）

六、选出你听到的音节：

1. ①jiā（家）　　　　2. ②qiàng（呛）　　　3. ②xiǎng（想）
4. ①sà（萨）　　　　5. ①cè（册）　　　　　6. ②shóu（熟）
7. ②róu（柔）　　　　8. ②rén（人）　　　　9. ①zōng（综）
10. ②qiǎng（抢）　　11. ①sēn（森）　　　　12. ①dūn（吨）
13. ②cūn（村）　　　14. ②sū（苏）　　　　15. ①zhuàng（撞）
16. ①gùn（棍）　　　17. ①jǔ（举）　　　　18. ①xué（学）
19. ②kuāng（筐）　　20. ②shuì（睡）　　　21. ①cuàn（窜）
22. ②rùn（润）　　　23. ②zuǐ（嘴）　　　24. ②tún（豚）
25. ①qíng（晴）　　　26. ①xiāng（香）　　　27. ①zhāo（招）
28. ②sǎn（伞）　　　29. ②xiōng（兄）　　　30. ②sōng（松）

第二课 语音(二)

一、写出你听到的声母:

1. p   2. t   3. m   4. k
5. n   6. s   7. z   8. ch
9. r   10. sh   11. l   12. j
13. q   14. x   15. c   16. f
17. d   18. g   19. r   20. p

二、写出你听到的韵母:

1. e   2. o   3. a   4. u   5. ü
6. ou   7. an   8. en   9. in   10. un
11. ao 12. en 13. uei 14. uai 15. uei
16. ang 17. eng 18. ing 19. ong 20. üe

三、听录音,填声母:

1. zǎ(咋)   2. zhā(扎)   3. nǔ(努)   4. nǚ(女)
5. sè(色)   6. shē(奢)   7. yī(衣)   8. mō(摸)
9. nú(奴)   10. lǚ(旅)   11. mèi(妹) 12. lái(来)
13. fēi(非) 14. kuò(阔) 15. chén(陈) 16. shān(山)
17. sōu(搜) 18. qǐn(寝) 19. láo(劳) 20. huā(花)
21. hěn(很) 22. pǐn(品) 23. càn(灿) 24. jiā(家)
25. xiè(谢) 26. bǎi(百) 27. chén(沉) 28. guǒ(裹)
29. shùn(顺) 30. lüè(略) 31. féng(逢) 32. shuā(刷)
33. miàn(面) 34. zāng(脏) 35. qiǎo(巧) 36. huài(坏)
37. xiǎo(小) 38. fàng(放) 39. xíng(行) 40. kōng(空)

四、听录音,填韵母:

1. dì(地)   2. pà(怕)   3. nǚ(女)   4. kù(酷)
5. gě(葛)   6. mò(磨)   7. pù(铺)   8. dé(德)
9. rǔ(乳)   10. xì(细) 11. bēi(杯) 12. xún(寻)

13. rèn(认)	14. cáo(曹)	15. lūn(抡)	16. kàn(看)
17. liè(烈)	18. cāi(猜)	19. pò(破)	20. nǐ(你)
21. fáng(房)	22. huī(灰)	23. tóu(头)	24. jué(觉)
25. sēn(森)	26. bīn(宾)	27. mǎn(满)	28. zòu(揍)
29. suǒ(所)	30. chāo(抄)	31. zhèn(阵)	32. chóng(虫)
33. shuí(谁)	34. sháo(勺)	35. zhuā(抓)	36. pōu(剖)
37. fèi(费)	38. ruǐ(蕊)	39. shuì(睡)	40. liú(流)

五、听录音,选出你听到的音节：

1. ①lín(林)	2. ②pù(铺)	3. ①zǐ(子)
4. ①cūn(村)	5. ①zhē(遮)	6. ②sì(四)
7. ①lǎo(老)	8. ②fā(发)	9. ①nǎo(脑)
10. ②bào(抱)	11. ②kēng(坑)	12. ②dào(到)
13. ②qiē(切)	14. ②gài(盖)	15. ②qiào(俏)
16. ①dāng(当)	17. ①chū(出)	18. ①lán(蓝)
19. ①tǎo(讨)	20. ②niàn(念)	21. ①rì(日)
22. ②shān(山)	23. ②gàn(干)	24. ②shǎo(少)
25. ②suǒ(所)	26. ②pō(坡)	27. ②kǒu(口)
28. ②táng(堂)	29. ①xì(系)	30. ②pèi(配)
31. ②gèng(更)	32. ①jí(及)	33. ①dāo(刀)
34. ②jīng(京)	35. ①lǚ(旅)	36. ①fǒu(否)
37. ②quán(泉)	38. ②gàn(干)	39. ②qiào(翘)
40. ②zhǒu(肘)	41. ①zhǎo(找)	42. ②cè(侧)
43. ②shā(沙)	44. ②gè(个)	45. ②quān(圈)
46. ②dōu(都)	47. ①bān(班)	48. ①qiǎo(巧)
49. ②rùn(润)	50. ②shū(书)	51. ②kuì(愧)
52. ②fú(浮)	53. ②lún(轮)	54. ②sēn(森)
55. ①nài(耐)	56. ①dǎo(导)	57. ①yuán(元)
58. ②me(么)	59. ①wàn(万)	60. ①wén(文)

六、听录音,和听到的声母一样的划"√",不一样的划"×"：

1. (√)zhí 值	2. (×)zān 簪	3. (×)xún 寻
4. (×)rén 人	5. (√)zhāng 张	6. (√)sān 三

7.（×）gǎn 敢　　8.（×）kàn 看　　9.（√）kòng 空
10.（×）cháng 长　11.（√）quán 全　12.（√）chòng 冲
13.（×）zhǎng 长　14.（√）shēng 声　15.（√）zài 在
16.（√）sēn 森　　17.（×）zì 字　　18.（×）cān 参
19.（√）rùn 润　　20.（√）xiā 虾　　21.（√）lǎn 懒
22.（×）lèi 累　　23.（×）dǎn 胆　　24.（×）kùn 困
25.（√）miàn 面　26.（√）níng 宁　27.（√）tiě 铁
28.（×）liàn 练　29.（×）tīng 听　30.（×）qiǎo 巧

七、听录音，和听到的韵母一样的划"√"，不一样的划"×"：

1.（√）shēn 深　　2.（×）lèi 累　　3.（×）huān 欢
4.（×）quān 圈　　5.（×）jiā 家　　6.（×）xiāng 香
7.（×）cáng 藏　　8.（√）rǎn 染　　9.（×）bēng 崩
10.（√）téng 疼　11.（√）mài 卖　12.（√）kòng 空
13.（√）yīn 因　　14.（×）miè 灭　15.（√）líng 零
16.（√）niú 牛　　17.（×）lì 力　　18.（√）néng 能
19.（√）cháo 潮　20.（√）chuī 吹　21.（×）liáng 良
22.（×）liǔ 柳　　23.（√）liù 六　24.（√）yuè 月
25.（×）shāng 商　26.（×）wǒ 我　27.（×）kuài 快
28.（√）tūn 吞　　29.（√）luò 落　30.（√）kuān 宽

第四课　语音（四）

一、跟读：

　　　　fā-fá-fǎ-fà　　　　　dī-dí-dǐ-dì　　　　　xū-xú-xǔ-xù

二、写出你听到的声调：

　1. yǐ（已）　　　　2. fēi（非）　　　　3. píng（平）
　4. xiào（校）　　　5. chī（吃）　　　　6. guó（国）
　7. shān（山）　　　8. mā（妈）　　　　9. kuài（块）
　10. huā（花）

三、听录音，标声调：

（一）

　1. māma（妈妈）　　　　2. zhēnde（真的）　　　　3. shūfu（舒服）
　4. xiūxi（休息）　　　　5. shēngri（生日）　　　　6. yéye（爷爷）
　7. háizi（孩子）　　　　8. shíhou（时候）　　　　9. shénme（什么）
　10. xuésheng（学生）　　11. nǎinai（奶奶）　　　　12. xǐhuan（喜欢）
　13. wǒmen（我们）　　　 14. jiějie（姐姐）　　　　15. wǎnshang（晚上）
　16. bàba（爸爸）　　　　17. wàibian（外边）　　　 18. wèidao（味道）
　19. kèqi（客气）　　　　20. rènshi（认识）

（二）

　21. fǔdǎo（辅导）　　　 22. shuǐguǒ（水果）　　　 23. xǐzǎo（洗澡）
　24. liǎojiě（了解）　　　25. lǎohǔ（老虎）　　　　26. shǒudū（首都）
　27. Běijīng（北京）　　　28. qǐshēn（起身）　　　　29. yǔyán（语言）
　30. jiěkě（解渴）　　　　31. yǎnjiǎn（眼睑）　　　 32. hěnjiǔ（很久）
　33. xiǎngqǐ（想起）　　　34. lǐngdǎo（领导）　　　 35. wǔdǎo（舞蹈）

（三）

　36. bùshí（不时）　　　　37. bùguǎn（不管）　　　　38. bù xiǎng（不想）

39. bù tōng(不通) 　　40. bù'ān(不安) 　　41. bú shì(不是)
42. bú qù(不去) 　　43. búguò(不过) 　　44. bú kàn(不看)
45. bú pà(不怕)

(四)

46. wànyī(万一) 　　47. dì-yī(第一) 　　48. shíyī(十一)
49. wéiyī(唯一) 　　50. tǒngyī(统一) 　　51. yíxià(一下)
52. yíyàng(一样) 　　53. yídìng(一定) 　　54. yíkuàir(一块儿)
55. yí cì(一次) 　　56. yìbān(一般) 　　57. yì nián(一年)
58. yìzhí(一直) 　　59. yìbiān(一边) 　　60. yìqǐ(一起)

(五)

61. sàn san bù(散散步) 　　62. shuō shuo huà(说说话)
63. kàn kan shū(看看书) 　　64. xiǎng yi xiǎng(想一想)
65. guǎn yi guǎn(管一管) 　　66. tīng yi tīng(听一听)
67. hǎo bu hǎo(好不好) 　　68. lěng bu lěng(冷不冷)
69. zǒu bu zǒu(走不走)

四、听录音,填空：

1. hu<u>ā</u>r(花儿) 　　2. bīnggùnr(冰棍儿)
3. xiǎoniǎor(小鸟儿) 　　4. xiě zìr(写字儿)
5. méi shìr(没事儿) 　　6. gàir(盖儿)
7. yǒu kòngr(有空儿) 　　8. liáo tiānr(聊天儿)
9. guāzǐr(瓜子儿) 　　10. kǒudàir(口袋儿)
11. jiānr(尖儿) 　　12. hǎohāor(好好儿)
13. yǒuqùr(有趣儿) 　　14. dàhuǒr(大伙儿)
15. bèixīnr(背心儿) 　　16. yǎnr(眼儿)
17. hǎowánr(好玩儿) 　　18. xiǎoháir(小孩儿)
19. fànguǎnr(饭馆儿) 　　20. zuǒbiānr(左边儿)

五、听录音,找出与所听声调相同的字:

1. 一 A   2. 学 B   3. 老 A   4. 是 B
5. 丑 B   6. 校 A   7. 明 A   8. 哪 B
9. 累 A   10. 热 A

六、听到与所给词声调相同的词,请在序号下画线:

1. 上课   <A>明天   <B>很好   <C>再见
2. 一共   <A>学校   <B>回来   <C>学习
3. 中国   <A>下午   <B>非常   <C>放假
4. 汉语   <A>日本   <B>韩国   <C>英语
5. 一起   <A>回来   <B>吃饭   <C>这里

第五课 语音(五)

一、听录音,填空:

(一)填声母

1. <u>b</u>ǎn(板)   2. <u>m</u>í(迷)   3. <u>g</u>ěng(耿)
4. <u>p</u>éi(陪)   5. <u>h</u>ài(害)   6. <u>n</u>á(拿)
7. <u>n</u>ǐng(拧)   8. <u>h</u>uā(花)   9. <u>x</u>uě(雪)
10. <u>k</u>ē(科)   11. <u>j</u>uàn(卷)   12. <u>q</u>ià(恰)
13. <u>l</u>üè(略)   14. <u>m</u>ò(末)   15. <u>p</u>iān(偏)
16. <u>zh</u>ān(粘)   17. <u>n</u>èn(嫩)   18. <u>sh</u>é(舌)
19. <u>l</u>iǎo(了)   20. <u>m</u>iè(灭)

(二)填韵母

1. k<u>e</u>(课)   2. h<u>ei</u>(黑)   3. x<u>ing</u>(醒)
4. zhu<u>o</u>(桌)   5. z<u>a</u>(咋)   6. d<u>ian</u>(电)
7. h<u>ong</u>(红)   8. ch<u>ou</u>(仇)   9. n<u>i</u>(你)
10. r<u>uan</u>(软)   11. b<u>iao</u>(标)   12. sh<u>en</u>(神)
13. f<u>u</u>(福)   14. s<u>ong</u>(送)   15. j<u>un</u>(俊)
16. m<u>an</u>(蛮)   17. g<u>e</u>(个)   18. l<u>uan</u>(卵)
19. q<u>iao</u>(俏)   20. p<u>in</u>(品)

(三)填声调

1. xiǎngfǎ(想法)   2. zhuōzi(桌子)   3. búyào(不要)
4. míngbai(明白)   5. dǎoyǎn(导演)   6. tāmen(他们)
7. yí gè(一个)   8. kě'ài(可爱)   9. lǎobǎn(老板)
10. shénme(什么)   11. shíyī(十一)   12. jiàoshì(教室)
13. suǒyǒu(所有)   14. huílai(回来)   15. bā suì(八岁)
16. běijí(北极)   17. lǐngdǎo(领导)   18. zhēnde(真的)
19. yìbān(一般)   20. xiǎoháir(小孩儿)

二、听录音,写出你听到的音节:

1. xiǎo 小
2. zhuā 抓
3. jīng 京
4. dēng 灯
5. wēng 翁
6. pò 破
7. le 了
8. fó 佛
9. nǚ 女
10. wǒ 我
11. dōu 都
12. jué 觉
13. què 却
14. zhe 着
15. lüè 略
16. kuàir 块儿
17. huār 花儿
18. fēng 风
19. kòngr 空儿
20. gēr 歌儿
21. diū 丢
22. xià 下
23. guì 贵
24. yún 云
25. tūn 吞

三、听录音,选出你听到的音节:

1. A   ＜A＞ Yīngyǔ(英语)   ＜B＞ yīnyǔ(阴雨)
2. A   ＜A＞ qīngcǎo(青草)   ＜B＞ qīngzǎo(清早)
3. B   ＜A＞ shēngrì(生日)   ＜B＞ shēnshì(绅士)
4. A   ＜A＞ sāngyè(桑叶)   ＜B＞ shāngyè(商业)
5. B   ＜A＞ lǎoshī(老师)   ＜B＞ zǎoshì(早市)
6. B   ＜A＞ qiántou(前头)   ＜B＞ quántou(拳头)
7. A   ＜A＞ liánzǐ(莲子)   ＜B＞ liánzi(帘子)
8. A   ＜A＞ gǎozi(稿子)   ＜B＞ gǎozhǐ(稿纸)
9. A   ＜A＞ ānpái(安排)   ＜B＞ ānpéi(安培)
10. A   ＜A＞ biànzi(辫子)   ＜B＞ biānzi(鞭子)
11. B   ＜A＞ jīngjù(京剧)   ＜B＞ jīngyú(鲸鱼)
12. A   ＜A＞ huā'ér(花儿)   ＜B＞ huānr(花儿)
13. A   ＜A＞ huílai(回来)   ＜B＞ huílái(回来)
14. B   ＜A＞ yìwù(义务)   ＜B＞ yīwù(医务)
15. A   ＜A＞ xǐ zǎo(洗澡)   ＜B＞ qǐ zǎo(起早)
16. A   ＜A＞ qīngpín(清贫)   ＜B＞ qīngpíng(清平)
17. B   ＜A＞ dàyǎn(大眼)   ＜B＞ dàye(大爷)
18. B   ＜A＞ búyào(不要)   ＜B＞ bǔyào(补药)
19. A   ＜A＞ chéngjì(成绩)   ＜B＞ chénjì(沉寂)
20. B   ＜A＞ lǎma(喇嘛)   ＜B＞ lǎba(喇叭)

21. B <A> chéngfá（惩罚）   <B> tǐngbá（挺拔）
22. B <A> yǒu kòng（有空） <B> yǒu kòngr（有空儿）
23. B <A> qǐlái（起来）   <B> qǐlai（起来）
24. A <A> hēisè（黑色）   <B> huīsè（灰色）
25. A <A> bìngqíng（病情） <B> bìngxíng（并行）

四、听录音，和听到的音节一样的划"√"，不一样的划"×"：

1. (×) jīnxīng 金星　　　　2. (×) xīgài 膝盖
3. (√) kǎo shì 考试　　　　4. (×) xiānwéi 纤维
5. (×) dìng qīn 定亲　　　　6. (×) huāruǐ 花蕊
7. (√) pāoqì 抛弃　　　　　8. (√) míngbai 明白
9. (×) píjiàn 皮件　　　　　10. (√) wǎnfàn 晚饭
11. (√) qīngtiāo 轻佻　　　 12. (×) jié hūn 结婚
13. (×) lànmàn 烂漫　　　　 14. (×) hǎohāor 好好儿
15. (√) jiānqiáng 坚强　　　16. (√) yěxǔ 也许
17. (×) Hànyǔ 汉语　　　　　18. (√) piányi 便宜
19. (√) guānxīn 关心　　　　20. (×) lǐxiǎng 理想

五、听录音，看音节，给有错的音节改错：

1. yōulíang yōuliáng（优良）   2. yuécǎi yúncai（云彩）
3. zhōngven Zhōngwén（中文）   4. gǔuén gǔwén（古文）
5. fuóxiàng fóxiàng（佛像）   6. dàī dàyī（大衣）
7. qúanshuěi quánshuǐ（泉水）   8. yīnuéi yīnwèi（因为）
9. xóngwěi xióngwěi（雄伟）   10. guēilù guīlǜ（规律）
11. duèihuà duìhuà（对话）   12. feīuè fēiyuè（飞跃）
13. jüédè juéde（觉得）   14. yüèlìang yuèliang（月亮）

六、听录音，写出你听到的句子的汉语拼音：

1. Máfan nín, dǎtīng yíxiàr, huǒchēzhàn zài nǎr?

2. Wǒ juéde xué Hànyǔ yìdiǎnr dōu bù nán.

3. Wáng'āyí, qǐngwèn wǒ māma zài bàngōngshì ma?

4. Wǒ jīntiān gāng cóng Xī'ān huílai, xiǎng hǎohāor xiūxi yíxià.

5. Zhōumò wǒ yìbān huì zài sùshè, kàn kan shū la, tīng ting yīnyuè la…

第六课 你叫什么名字

课　文

一　你叫什么名字

李知恩：老师,您好。

刘老师：你好,你叫什么名字?

李知恩：我叫李知恩。

刘老师：你是哪国人?

李知恩：我是韩国人。老师,请问,您贵姓?

刘老师：我姓刘。

李知恩：刘老师好!

二　我介绍一下儿

海　伦：你们好!

朴大佑：海伦,你好!

海　伦：大佑,她是……

朴大佑：我介绍一下儿,这是李知恩。知恩,这是海伦。

李知恩：海伦,你好! 认识你很高兴。

海　伦：认识你我也很高兴。

朴大佑：海伦,你去上课吗?

海　伦：对,我们一起去吧!

第一部分

二、再听一遍录音,判断正误:

1. √　2. ×　3. √　4. ×

四、写下你听到的句子:

1. 你好,你叫什么名字?

2. 你是哪国人? 我是韩国人。

3. 老师,请问,您贵姓?

第二部分

二、再听一遍录音,判断正误:

1. ×　2. ×　3. √　4. √

四、写下你听到的句子:

1. 我介绍一下儿,这是李知恩。
2. 海伦,你好!认识你很高兴。
3. 海伦,你去上课吗?

第三部分

1. 您贵姓?
   问:这句话是什么意思?

2. 男:海伦,你去上课吗?
   女:对,我们一起去吧!
   问:下面哪句话意思不对?

3. 这是我的老师,他姓刘。
   问:关于这句话的意思,下面哪句话是不正确的?

4. 请问,你叫什么名字?
   问:下面哪一个回答是正确的?

5. 请问,您贵姓?
   问:下面哪一个回答是正确的?

6. 请问,你是韩国人吗?
   问:下面哪一个回答是不正确的?

7. 海伦,你去上课吗?
   问:下面哪一个回答是不正确的?

8. 你认识海伦吗?
   问:下面哪一个回答是正确的?

9. 你去哪儿?
   问:下面哪一个回答是正确的?

10. 今天大佑给我和张明介绍了他的朋友海伦。
    问:今天说话人认识了谁?

答案:　1. A　2. C　3. C　4. D　5. A
　　　　6. D　7. D　8. C　9. B　10. C

第七课 最近学习忙吗

课 文

一 最近学习忙吗

(在校园里)

张　明：李知恩,你好！最近学习忙吗?

李知恩：我最近学习不忙。

张　明：你们都有什么课?

李知恩：我们有精读课、口语课和听力课。

张　明：你觉得汉语难吗?

李知恩：我觉得精读很难,口语和听力不难,很有意思。

张　明：你们的老师怎么样?

李知恩：我们的老师都很好。

二 你怎么学习汉语

朴大佑：知恩,你的汉语不错。

李知恩：哪里,哪里!

朴大佑：你怎么学习汉语?介绍一下儿经验吧!

李知恩：要多读课文,多听录音,多看中国的电视。

朴大佑：还有别的方法吗?

李知恩：我还常常和中国人聊天儿。

第一部分

二、再听一遍录音,判断正误：

1. √　2. ×　3. ×　4. ×

四、写下你听到的句子：

1. 你们都有什么课?
2. 精读和听力很难,口语不太难,很有意思。
3. 你们的老师怎么样?

第二部分

二、再听一遍录音,判断正误:

1. √   2. ×   3. √   4. ×

四、写下你听到的句子:

1. 你怎么学习汉语?
2. 介绍一下儿经验吧。
3. 多读课文,多听录音,多看中国的电视。

第三部分

1. 你最近忙吗?
   问:下面哪一个回答是正确的?

2. 你觉得汉语难吗?
   问:下面哪一个回答是不正确的?

3. 男:知恩,你的汉语不错。
   女:哪里,哪里。
   问:女的是什么意思?

4. 精读和听力很难,口语不难,很有意思。
   问:什么课不难?

5. 李知恩最近学习很忙,她有精读课和口语课。
   问:下面哪一个句子是不正确的?

6. 海伦是美国人,她在中国学习汉语,她的汉语不错。
   问:下面哪一个句子是正确的?

7. 朴大佑有三个汉语老师,他的老师都很好。
   问:朴大佑有几个老师?他的老师怎么样?

8. 我的汉语很不好,请你介绍一下儿学习的经验吧!
   问:说话人的汉语怎么样?

9. 他常常和老师聊天儿,他觉得很有意思。
   问:下面哪一个句子是正确的?

10. 男:你学习汉语有什么好方法?
    女:多读课文,多听录音,我还常常和中国人聊天儿。
    问:下面哪一个学习方法女的没有提到?

答案: 1. B 2. D 3. B 4. C 5. C
6. B 7. B 8. C 9. B 10. B

第八课　你没有兄弟姐妹吗

课　文

一　你没有兄弟姐妹吗

张　　明：你家一共有几口人?

李知恩：我家有六口人,爸爸、妈妈、两个姐姐、一个弟弟和我。

张　　明：你有两个姐姐,还有一个弟弟! 真好!

李知恩：你没有兄弟姐妹吗?

张　　明：是啊。我家里只有我一个孩子。

李知恩：那我当你的"妹妹"吧!

二　看看我全家的合影吧

朴大佑：知恩,看看我全家的合影吧!

李知恩：这是你妈妈吧?

朴大佑：是啊。

李知恩：她真漂亮!

朴大佑：谢谢! 这是我爸爸。

李知恩：这两位是谁?

朴大佑：他们是我哥哥和嫂子。

第一部分

二、再听一遍录音,判断正误:

　　1. ×　2. ×　3. ×　4. ×

四、写下你听到的句子:

　　1. 你家一共有几口人?

　　2. 我家有六口人,爸爸、妈妈、两个姐姐、一个弟弟和我。

　　3. 我家里只有我一个孩子。

第二部分

二、再听一遍录音,判断正误:

1. × 2. √ 3. √ 4. ×

四、写下你听到的句子:

1. 知恩,看看我全家的合影吧!
2. 这是你妈妈吧?
3. 这两位是谁?

第三部分

1. 我家有六口人,爸爸、妈妈、两个姐姐、一个弟弟和我。
   问:说话人家里有几个孩子?

2. 女:我家有六口人,爸爸、妈妈、两个姐姐、一个弟弟和我。
   男:你有两个姐姐,还有一个弟弟!真好!
   问:男的是什么语气?

3. 我当你的妹妹吧!
   问:这句话是什么意思?

4. 我的嫂子是个很好的人。
   问:"嫂子"是什么人?

5. 我家有爷爷、奶奶、爸爸、妈妈和我。
   问:说话人家里一共有几口人?

6. 你有兄弟姐妹吗?
   问:下面哪一个回答是正确的?

7. 这是你的妹妹吗?
   问:下面哪一个回答是正确的?

8. 你妹妹的汉语真好!
   问:下面哪一个回答是不正确的?

9. 我的爸爸在公司工作。妈妈是大学老师。哥哥呢,是医生。
   问:妈妈在哪儿工作?

10. 小李去商店,小王去医院,我去银行。
    问:去医院的是谁?

答案: 1. D 2. D 3. C 4. B 5. B
6. B 7. A 8. B 9. B 10. B

第九课　你是哪国人

课　文

一　你是哪国人

海　　伦：你好！我叫海伦，请问你叫什么名字？
罗伯特：你好！我叫罗伯特。你是哪国人？
海　　伦：我是美国人。你呢？
罗伯特：我是德国人。来中国以前，你是学生吗？
海　　伦：对，我是大学生，我学习经济。你呢？
罗伯特：来中国以前，我在银行工作。

二　她今年多大了

海　　伦：刘老师，我听说您有一个女儿。她今年多大了？
刘老师：她十八岁了，是高中生。
海　　伦：她上几年级？
刘老师：她上三年级，今年考大学。
海　　伦：那她学习一定很忙吧？
刘老师：是啊，她每天晚上很晚才睡觉！

第一部分

二、再听一遍录音，判断正误：

1. √　2. ×　3. √　4. ×

四、写下你听到的句子：

1. 我叫海伦，请问你叫什么名字？
2. 我是大学生，我学习经济。
3. 来中国以前，我在银行工作。

第二部分

二、再听一遍录音,判断正误:
1. × 2. √ 3. × 4. √

四、写下你听到的句子:
1. 我听说您有一个女儿。
2. 她上三年级,今年考大学。
3. 她每天晚上很晚才睡觉!

第三部分

1. 她是美国人,不是德国人。
   问:她是哪国人?

2. 她十八岁了,是高中生。
   问:下面哪一个句子是正确的?

3. 刘老师的女儿上高中三年级,今年考大学。
   问:关于刘老师的女儿,下面哪一个句子是正确的?

4. 她每天晚上12点才睡觉。
   问:说话人觉得她怎么样?

5. 罗伯特是德国人,来中国以前,他在银行工作。
   问:下面哪一个句子是正确的?

6. 海伦在美国学习经济,她来中国以后学习汉语。
   问:海伦什么时候学习汉语?

7. 李老师有一个女儿,今年十三岁了。
   问:下面哪一个句子是正确的?

8. 我的同学中有美国人、德国人,还有韩国人。
   问:说话人的同学中没有哪国人?

9. 我听说刘老师的女儿今年要考大学了!
   问:下面哪一个句子是不正确的?

10. 男:你最近在忙什么呢?
    女:没忙什么,我在学经济呢!
    问:女的最近在做什么?

答案: 1. B 2. B 3. A 4. B 5. D
6. D 7. B 8. B 9. B 10. B

第十课　今天几月几号

课　文

一　今天几月几号

朴大佑：今天几月几号？

李知恩：六月十八号。

朴大佑：今天星期四吧？

李知恩：昨天星期四，今天是星期五！

朴大佑：明天是周末，你有什么打算？

李知恩：上午学习，下午在宿舍看电视。你呢？

朴大佑：明天上午九点半我要去看足球比赛。

二　请你一起吃晚饭

李知恩：喂，请问张明在吗？

张　明：我就是。你是知恩吧。有什么事？

李知恩：下星期二是我的生日，我想请你和大佑一起吃晚饭，好吗？

张　明：太好了，谢谢你，我一定去。

李知恩：那晚上六点你来我的宿舍，怎么样？

张　明：好啊，下星期二见。

练习

第一部分

二、再听一遍录音，判断正误：

1. ×　2. ×　3. ×　4. ×

四、写下你听到的句子：

1. 明天是周末，你有什么打算？
2. 上午学习，下午在宿舍看电视。你呢？
3. 明天早上九点半我要去看足球比赛。

第二部分

二、再听一遍录音,判断正误:

1. ×   2. ×   3. √   4. ×

四、写下你听到的句子:

1. 喂,请问张明在吗?
2. 下星期二是我的生日,我想请你和大佑一起吃晚饭,好吗?
3. 那晚上六点你来我的宿舍,怎么样?

第三部分

1. 今天是六月十八号,星期五。
   问:星期天是几月几号?

2. 我上午学习,下午在宿舍看电视。
   问:说话人下午干什么?

3. 女:下星期二是我的生日,我想请你和大佑一起吃晚饭,好吗?
   男:太好了!
   问:关于这句话的意思,下面哪一句是不正确的?

4. 女:喂,请问张明在吗?
   男:他现在不在。
   问:说话人在干什么?

5. 两点半上课,今天我迟到了。
   问:今天说话人可能什么时候去上课?

6. 周末你有什么打算?
   问:下面哪一个回答是正确的?

7. 我今年20岁,弟弟17岁。
   问:弟弟今年多大了?

8. 今天7月6号,我们下个月去上海。
   问:说话人几月去上海:

9. 我8点就来了,等你们一个小时了。
   问:现在几点了?

10. 今天我8点上精读课,10点上口语课。
    问:他几点上口语课?

答案: 1. D   2. D   3. B   4. B   5. C
6. C   7. B   8. D   9. B   10. C

第十一课　我有两张电影票

课　文

一　我有两张电影票

(在留学生宿舍楼)

朴大佑：　我有两张明天的电影票,你想去看吗?

李知恩：　太好了! 什么电影?

朴大佑：　《朋友》,听说很有意思,可是座位有点儿靠后。

李知恩：　在第几排?

朴大佑：　26 排。

李知恩：　没问题,能看清楚。这是我第一次在中国看电影,电影几点开始?

朴大佑：　晚上六点开始,我们五点一刻在宿舍楼门口见吧!

李知恩：　好的,明天见!

二　请问你找谁

(李林敲门,一女士打开门)

李　林：　你好!

一女士：　请问你找谁?

李　林：　王经理在家吗?

一女士：　这儿没有王经理,你找错了吧。

李　林：　这不是 6 号楼 3 单元 202 吗?

一女士：　不对,这是 9 号楼。

李　林：　我看看地址。(打开纸条)我看错了,真对不起!

一女士：　没关系!

练习

第一部分

二、再听一遍录音,判断正误:

　　1. ×　2. √　3. ×　4. ×

四、写下你听到的句子:

　　1. 我有两张明天的电影票,你想去看吗?

2. 这是我第一次在中国看电影。
3. 我们五点一刻在宿舍楼门口见面吧！

第二部分

二、再听一遍录音，判断正误：

1. × 2. √ 3. × 4. ×

四、写下你听到的句子：

1. 请问你找谁？
2. 这儿没有王经理，你找错了吧。
3. 这不是6号楼3单元202吗？

第三部分

1. 男：我有两张明天的电影票，你想去看吗？
   女：太好了！
   问：女的是什么语气？

2. 没问题，能看清楚。
   问：下面哪一个句子是正确的？

3. 这不是6号楼3单元202吗？
   问：这句话是什么意思？

4. 我有三张今天的电影票，我想和爸爸妈妈一起去看。
   问：下面哪一个句子是正确的？

5. 今天下午五点三刻我们在银行门口见吧！
   问：他们打算什么时候见？

6. 我想和你一起去看电影，明天的，怎么样？
   问：下面哪一个句子是正确的？

7. 张明的家在四号楼二单元503。
   问：张明的家在几号楼？

8. 李知恩是第二次来中国，这次她来学习汉语。
   问：李知恩来中国几次了？

9. 男：这是刘老师的家吗？
   女：对不起，您找错了。
   问：女的是什么意思？

10. 男：这不是第六排二十一号吗？
    女：是的，座位有点儿靠前啊。
    问：下面哪一个句子是不正确的？

答案： 1. B 2. D 3. B 4. C 5. D
6. C 7. B 8. B 9. B 10. D

第十二课　我想去泉城书店

课　文

一　我想去泉城书店

海　　伦：　刘老师,我想去泉城书店,可是不太清楚在哪儿。
刘老师：　泉城书店在植物园的附近。
海　　伦：　坐几路公共汽车能到植物园呢?
刘老师：　坐70路能到那儿。
海　　伦：　下车以后怎么走?
刘老师：　往北走,第一个路口右拐,马路左边就是。
海　　伦：　谢谢刘老师!
刘老师：　不客气!

二　她家周围的环境怎么样

李知恩：　昨天我去了王玲的家。
朴大佑：　她家大吗?
李知恩：　不太大,可是很漂亮。有卧室、厨房和卫生间,还有一个客厅。
朴大佑：　她家周围的环境怎么样?
李知恩：　不错,非常安静,附近还有个小公园。

第一部分

二、再听一遍录音,判断正误:

　　1. ×　2. √　3. ×　4. ×

四、写下你听到的句子:

　　1. 刘老师,我想去泉城书店,可是不太清楚在哪儿。

　　2. 坐几路公共汽车能到植物园呢?

　　3. 往北走,第一个路口右拐,马路左边就是。

第二部分

二、再听一遍录音,判断正误:

1. ×   2. ×   3. ×   4. √

四、写下你听到的句子:

1. 不太大,可是很漂亮。有卧室、厨房和卫生间,还有一个客厅。
2. 她家周围的环境怎么样?
3. 不错,非常安静,附近还有个小公园。

第三部分

1. 女:我想去泉城书店,可是不太清楚在哪儿?
   男:泉城书店在植物园的附近。
   问:女的在干什么?

2. 往北走,马路南边就是商店。
   问:商店在哪儿?

3. 王玲家有卧室、厨房和卫生间,还有一个客厅。
   问:说话人没有提到的是哪一个房间?

4. 小王在我的前边,小李在我的后边。
   问:小李在哪儿?

5. 今天我从书店出来,在银行取钱的时候,看见了张明。
   问:说话人在哪儿看见了张明?

6. 去植物园怎么走?
   问:下面哪个回答是不正确的?

7. 请问,坐70路能到植物园吗?
   问:下面哪个回答是不正确的?

8. 听说你去了王玲的家,她的家怎么样?
   问:下面哪个回答是正确的?

9. 谢谢您帮我的忙!
   问:下面哪个回答是不正确的?

10. 学校附近的超市很大,东西很多。
    问:超市离学校远不远?

答案: 1. A   2. A   3. C   4. D   5. B
　　　　　6. B   7. D   8. A   9. C   10. C

第十三课　橘子多少钱一斤

课　文

一　橘子多少钱一斤

(在市场)

王　玲：橘子多少钱一斤？

小　贩：两块一斤。

王　玲：太贵了！可以便宜一点儿吗？

小　贩：两块钱一斤还贵啊？我的橘子很甜，你尝尝吧！

王　玲：(尝了一口)有点儿酸。我多买一点儿，一块六一斤吧！

小　贩：好吧！你买几斤？

王　玲：我买两斤！

二　这条裙子挺漂亮的

罗伯特：海伦，你这条裙子挺漂亮的，在哪儿买的？

海　伦：谢谢！这是在学校附近的一家商场里买的,才一百六十块钱。

罗伯特：真便宜。我想给我女朋友买一件，还有大一点儿的吗？

海　伦：我穿小号的，还有中号和大号的。

罗伯特：还有别的颜色吗？我女朋友喜欢白色和蓝色。

海　伦：裙子有白色和红色的，你可以去看看。

罗伯特：好的，谢谢！

第一部分

二、再听一遍录音，判断正误：

1. √　2. ×　3. ×　4. ×

四、写下你听到的句子：

1. 橘子多少钱一斤？

2. 太贵了！可以便宜一点儿吗？

3. 我的橘子很甜,你尝尝吧!

第二部分

二、再听一遍录音,判断正误:
1. ×　2. ×　3. √　4. ×

四、写下你听到的句子:
1. 你这条裙子挺漂亮的,在哪儿买的?
2. 还有大一点儿的吗?
3. 我穿小号的,还有中号和大号的。

第三部分

1. 男:橘子多少钱一斤?
   女:两块钱一斤。
   问:说话人可能在哪儿?

2. 两块钱一斤还贵啊?
   问:这句话是什么意思?

3. 我的橘子很甜,你可以尝尝,不甜不要钱!
   问:下面哪一个句子是正确的?

4. 这是在学校附近的一家商场里买的,才一百六十块钱。
   问:说话人是什么意思?

5. 橘子六块钱一斤太贵了,便宜一点儿我就买。
   问:说话人想买橘子吗?

6. 还有大一点儿的吗?这件是小号的,有点儿小!

   问:说话人现在穿的是多大号的衣服?

7. 这本书才二十多块钱,你买吧!
   问:说话人是什么意思?

8. 我想买白色的,不想买红色的。
   问:说话人想买什么颜色的?

9. 男:中国的橘子很便宜,才三块钱一斤。
   女:三块钱一斤还便宜啊?
   问:女的是什么意思?

10. 男:你的裙子颜色很不错啊,在哪儿买的?
    女:在泉城书店附近的商场里买的。
    问:下面哪一个句子是正确的?

答案:　1. B　2. B　3. B　4. C　5. D
　　　　　6. A　7. C　8. A　9. D　10. D

第十四课 你们饭店有什么特色菜

课 文

一 你们饭店有什么特色菜

男服务员：小姐,这是菜单,请点菜。
王　　玲：请问,你们饭店有什么特色菜?
男服务员：我们饭店的鱼香肉丝味道不错。
王　　玲：我正在减肥,不想吃肉。
男服务员：那西红柿炒鸡蛋怎么样?
王　　玲：好吧,来个西红柿炒鸡蛋吧,再来一碗米饭。

二 你尝尝这个菜怎么样

王　　玲：你尝尝这个菜怎么样?
同　　学：很好吃,不过有点儿咸。
王　　玲：我尝尝。我觉得还可以,你们南方人不习惯吃太咸的菜。
同　　学：我哪儿是南方人?我父母都是山东人。
王　　玲：你在上海上的大学,现在又在那儿工作,也可以说是半个南方人吧。
同　　学：嗯,有道理。

练习

第一部分

二、再听一遍录音,判断正误：
　　1. ×　 2. ×　 3. √　 4. ×　 5. √

四、写下你听到的句子：
　　1.请问,你们饭店有什么特色菜?
　　2.我正在减肥,不想吃肉。
　　3.再来一碗米饭。

第二部分

二、再听一遍录音,判断正误:

1. √　2. √　3. ×　4. ×　5. √

四、写下你听到的句子:

1. 你尝尝这个菜怎么样?
2. 很好吃,不过有点儿咸。
3. 你们南方人不习惯吃太咸的菜。

第三部分

1. 你们饭店有什么特色菜?
   问:这句话是什么意思?

2. 我们饭店的鱼香肉丝味道不错。
   问:这句话是什么意思?

3. 我觉得菜很好吃,不过好像有点儿咸。
   问:这句话是什么意思?

4. 我哪儿是南方人?
   问:这句话是什么意思?

5. 我觉得你说得也有道理。
   问:关于这句话的意思,下面哪一句是不正确的?

6. 你知道吗,小王减肥是为了漂亮,不是为了身体好。
   问:小王为什么减肥?

7. 请进,二位想吃点什么?
   问:说话人在哪儿工作?

8. 我吃过鱼香肉丝,西红柿炒鸡蛋我只是听说过。
   问:关于这句话的意思,下面哪一句是正确的?

9. 我住在北京,那里和上海不一样,所以我不习惯南方的生活。
   问:说话人住在哪儿?

10. 我哪能不来啊?不是都说好了嘛。
    问:说话人来了吗?

答案:　1. A　2. C　3. D　4. C　5. B
　　　　　6. A　7. C　8. A　9. A　10. A

第十五课　来中国以后你换过钱吗

课　文

一　来中国以后你换过钱吗

李知恩：大佑,来中国以后你换过钱吗?

朴大佑：当然换过。

李知恩：是你一个人去的吗?

朴大佑：第一次是张明陪我去的,第二次是我自己去的。

李知恩：你自己一个人? 你明白他们说的汉语吗?

朴大佑：这还不简单? 不明白的时候说英语。

李知恩：真希望我们的汉语水平提高得快一点儿,这样在中国生活就会很方便了。

二　我去银行取钱了

罗伯特：刚才我去你的房间找你,你怎么不在?

海　伦：我去银行取钱了。你有什么事吗?

罗伯特：太好了,我正要找你借钱呢!

海　伦：你要借多少钱?

罗伯特：三百块。我下午有课,没有时间去银行取钱,明天一定还你。

海　伦：不着急,你先用吧。

第一部分

二、再听一遍录音,判断正误:

1. ×　2. ×　3. √　4. √　5. √

四、写下你听到的句子:

1. 来中国以后你换过钱吗?

2. 你明白他们说的汉语吗?

3. 这样在中国生活就会很方便了。

第二部分

二、再听一遍录音,判断正误:

1. √ 2. × 3. × 4. √ 5. ×

四、写下你听到的句子:

1. 我去银行取钱了。
2. 我正要找你借钱呢!
3. 不着急,你先用吧。

第三部分

1. 这还不简单?
   问:说话人是什么意思?

2. 第一次换钱的时候是张明陪我去的。
   问:第一次换钱的时候是谁去的?

3. 我去银行取钱了。
   问:说话人去了哪儿?

4. 我想借三百块钱,下午去买书,明天还你。
   问:说话人什么时候还钱?

5. 我下午有课,没有时间去银行取钱,你能借我点儿钱吗?
   问:说话人为什么借钱?

6. 小王,对不起,今天我要陪姐姐过生日,不能去你那儿了。
   问:今天是谁的生日?

7. 我有500块钱,借给张明170块,买橘子花了10块。
   问:现在说话人有多少钱?

8. 你的书在我这儿,我刚才还看了看呢。
   问:关于这句话的意思,下面哪句话是正确的?

9. 做饭?这太简单了!
   问:说话人是什么意思?

10. 现在谁还没有电话呀!
    问:关于这句话的意思,下面哪句话是正确的?

答案: 1. B 2. D 3. D 4. D 5. D
         6. D 7. C 8. B 9. A 10. A

第十六课　你哪儿不舒服

课　文

一　你哪儿不舒服

（在医院里）

医　　生：你哪儿不舒服？

朴大佑：我头疼，不想吃东西。

医　　生：发烧吗？

朴大佑：我也不知道，就是觉得冷。

医　　生：你还有哪儿不舒服？

朴大佑：嗓子也有点疼。

医　　生：你先量一下体温吧。

二　你发烧了

医　　生：你发烧了，都三十九度了，得打针。

朴大佑：大夫，打针又疼又麻烦，我吃药行吗？

医　　生：那好吧，我给你开点儿药。这种药，一天吃三次，一次吃两片。

朴大佑：吃饭以前吃还是吃饭以后吃？

医　　生：吃完饭半个小时以后吃。

朴大佑：谢谢大夫，我还要注意什么？

医　　生：多喝水，多吃蔬菜和水果。当然还要多休息。

第一部分

二、再听一遍录音，判断正误：

　　1. ×　2. ×　3. ×　4. ×　5. ×

四、写下你听到的句子：

　　1. 你哪儿不舒服？

　　2. 我头疼，不想吃东西。

　　3. 你先量一下体温吧。

第二部分

二、再听一遍录音,判断正误:

1. √   2. √   3. ×   4. √   5. ×

四、写下你听到的句子:

1. 你发烧了。

2. 大夫,打针又疼又麻烦,我吃药行吗?

3. 当然还要多休息。

第三部分

1. 我头疼,不想吃东西。
   问:关于这句话的意思,下面哪句话是正确的?

2. 我觉得很冷,可能是发烧了。
   问:关于这句话的意思,下面哪句话是正确的?

3. 都三十九度了。
   问:这句话是什么意思?

4. 多喝水,多吃蔬菜和水果。当然还要多休息。
   问:这句话是什么意思?

5. 大夫,打针又疼又麻烦,我吃药行吗?
   问:说话人觉得打针怎么样?

6. 杨明这几天不舒服,没去上课。
   问:杨明为什么没去上课?

7. 我们4个人每人都有3本书。
   问:一共有几本书?

8. 很晚了,我得走了,明天再聊吧。
   问:说话人要干什么?

9. 今天不上课,我想休息,你自己去踢足球吧。
   问:说话人今天可能干什么?

10. 我不想吃鸡蛋,还是吃个橘子吧。
    问:说话人想吃的是什么?

答案: 1. A   2. D   3. D   4. D   5. D
          6. A   7. D   8. A   9. B   10. B

第十七课　我要洗照片

课　文

一　我要洗照片

（在照相馆）

服务员：　您好，请问您是照相还是洗照片？
罗伯特：　我要洗照片。多少钱？
服务员：　五寸的彩色照片六毛钱一张，六寸的七毛。
罗伯特：　这是胶卷儿，我要洗六寸的。
服务员：　请先交二十块钱。
罗伯特：　给您钱。什么时候能取？
服务员：　明天来取吧。这是收据，请拿好。

二　我要订餐

朴大佑：　请问是"土大力"餐馆吗？
服务员：　是，您要订餐吗？
朴大佑：　对。我要一份烤牛肉，两份冷面。
服务员：　请留一下儿您的地址和电话号码。
朴大佑：　我的地址是山东大学留学生楼2418房间。
　　　　　我的手机是13705316219。
服务员：　好的，我们半小时以后送到。

练习

第一部分

二、再听一遍录音，判断正误：

1. √　2. ×　3. ×　4. ×

四、写下你听到的句子：

1. 我要洗照片 。
2. 五寸的彩色照片六毛钱一张 。
3. 明天来取吧 。

第二部分

二、再听一遍录音,判断正误:

1. × 2. √ 3. √ 4. √ 5. ×

四、写下你听到的句子:

1. 您要订餐吗?
2. 我要一份烤牛肉,两份冷面。
3. 请留一下儿您的地址和电话号码。

第三部分

1. 您好,我想洗照片。
   问:说话人可能在哪儿?

2. 五寸的彩色照片六毛钱一张,六寸的七毛。
   问:洗一张六寸的照片多少钱?

3. 请问是"土大力"餐馆吗?
   问:"土大力"是什么?

4. 您好!这是"土大力"餐馆。请问您要订餐吗?
   问:说话人的工作可能是什么?

5. 请留一下儿您的地址和电话号码。
   问:说话人想知道什么?

6. 我要一份烤牛肉、两份冷面和一碗米饭。
   问:说话人要了几种东西?

7. 五寸的六毛一张,那我洗十张五寸的吧。
   问:说话人一共花了多少钱?

8. 我的地址是山东大学留学生楼2418房间。
   问:说话人在说什么?

9. 我没有你的地址,还是你来接我吧。
   问:为什么要接说话人?

10. 我以前在银行工作,一年前去韩国学习韩语,现在是大学老师。
    问:一年前说话人是干什么的?

答案: 1. C 2. C 3. A 4. B 5. D
6. C 7. D 8. C 9. D 10. A

第十八课　我的包找到了

课　文

一　我的包找到了

罗伯特：我听说你的包丢了,怎么回事?

海　伦：别提了,早上坐出租车的时候忘在车上了。

罗伯特：找到了吗?

海　伦：找到了。

罗伯特：怎么找到的?

海　伦：我发现包丢了以后很着急,马上给出租车公司打了个电话。

罗伯特：哎,你怎么知道是哪个出租车公司呢?

海　伦：车的发票上有公司的名字和电话,所以他们帮我联系到了那个司机师傅。

罗伯特：你真幸运。

二　能帮我接一下孩子吗

(下午五点半,王玲给同事李林打电话)

王　玲：小李,你好,我是王玲。

李　林：王姐,您有什么事吗?

王　玲：我现在在外边开会,我爱人也出差了,你能帮我去幼儿园接一下孩子吗?

李　林：没问题,孩子送到哪儿?

王　玲：送到办公室吧,我半个小时后就回去,谢谢你了。

第一部分

二、再听一遍录音,判断正误:

1. ×　2. ×　3. ×　4. √

四、写下你听到的句子:

1. 我听说你的包丢了,怎么回事?

2. 别提了,早上坐出租车的时候忘在车上了。

3. 你真幸运。

第二部分

二、再听一遍录音,判断正误:

1. ×   2. √   3. ×   4. ×   5. ×

四、写下你听到的句子:

1. 你能帮我去幼儿园接一下孩子吗?
2. 没问题,孩子送到哪儿?
3. 送到办公室吧,我半个小时后就回去。

第三部分

1. 别提了,早上坐出租车的时候忘在车上了。
   问:说话人是什么语气?

2. 小王,听说你的包丢在车子上了,怎么回事?
   问:小王丢了什么?

3. 我现在在外边开会,我爱人也出差了,你能帮我去幼儿园接一下孩子吗?
   问:说话人现在在哪儿?

4. 孩子送到办公室吧,我半个小时后就回去,谢谢你了。
   问:孩子送到哪儿?

5. 出租车的发票上有公司的名字和电话,所以他们帮我联系到了那个司机师傅。
   问:谁帮说话人联系到了那个司机师傅?

6. 师傅,我去火车站。
   问:说话人可能在和谁说话?

7. 我爱人今天回来,她要我去机场接她。
   问:下面哪一个句子是正确的?

8. 都七点五十五了,快走吧!还有5分钟电影就开始了!
   问:电影几点开始?

9. 最近回家的人太多了,火车票都没有了,我的是最后一张。
   问:关于这句话,下面哪一个句子是正确的?

10. 我的朋友在北京工作,上个月我去找他玩儿了。
    问:上个月说话人去北京干什么?

答案: 1. C   2. A   3. A   4. C   5. D
           6. C   7. A   8. A   9. A   10. C

第十九课 你来中国以后寄过信吗

课文

一 你来中国以后寄过信吗

海　伦：罗伯特,你来中国以后寄过信吗?
罗伯特：现在谁还寄信啊?
海　伦：那你怎么跟家里联系?
罗伯特：打电话啦,发电子邮件啦……
海　伦：可是我更喜欢写信。
罗伯特：我觉得写完信以后再去邮局寄太麻烦了。
海　伦：麻烦是麻烦,可是收到信的人多开心啊!

二 我要寄一个包裹

(在邮局)

朴大佑：你好! 我要寄一个包裹。
营业员：里面是什么东西? 请打开让我检查一下儿。
朴大佑：里面没什么东西,只是几本书和几盒中药。
营业员：对不起,书可以寄,但是这种玻璃瓶的中药不能寄。
朴大佑：为什么不能寄?
营业员：因为容易碎。
朴大佑：那就只寄书吧!

第一部分

二、再听一遍录音,判断正误：

　　1. ×　 2. √　 3. √　 4. √　 5. √

四、写下你听到的句子：

　　1.你来中国以后寄过信吗?
　　2.那你怎么跟家里联系?
　　3.麻烦是麻烦,可是收到信的人多开心啊!

第二部分

二、再听一遍录音，判断正误：

1. × 2. × 3. × 4. √ 5. ×

四、写下你听到的句子：

1. 你好！我要寄一个包裹。
2. 请打开让我检查一下儿。
3. 只是几本书和几盒中药。

第三部分

1. 现在谁还寄信啊？
   问：这句话是什么意思？

2. 我不喜欢写信，我觉得写完信以后再去邮局寄太麻烦了。
   问：说话人为什么不喜欢写信？

3. 我喜欢写信，写信麻烦是麻烦，可是收到信的人多开心啊！
   问：说话人为什么喜欢写信？

4. 包裹里面没什么东西，只是几本书和几盒中药。
   问：包裹里面有什么？

5. 因为容易碎，所以这种玻璃瓶的中药不能寄。
   问：这种中药为什么不能寄？

6. 我们每个人都有自己的事，有的要去寄信，有的要去取钱，有的在房间学习，大家都没空儿。
   问：下面哪件事是说话人没有说过的？

7. 我看看你的嗓子，没什么大问题，吃点儿感冒药吧。
   问：说话人可能是做什么工作的？

8. 我昨天给你发电子邮件了，你收到了吗？
   问：说话人昨天干什么了？

9. 今天回来晚了，可玩儿得真开心。我们都快休息吧，明天还要上课呢！
   问：关于这句话的意思，下面哪句话是正确的？

10. 这么热的天，在家吃饭多舒服啊！
    问：说话人为什么想在家吃饭？

答案： 1. C 2. D 3. D 4. B 5. D
6. D 7. B 8. C 9. D 10. B

第二十课　我哪有时间去看电影

课　文

一　我哪有时间去看电影

（在办公室）

同　　事：听说最近有部好电影,你去看了吗?

刘老师：你看我最近这么忙,哪有时间去看电影?

同　　事：你的书不是写完了吗? 又忙什么?

刘老师：除了给学生上课以外,我还要准备一个外语考试。

同　　事：也不能总是忙,应该适当休息休息。

刘老师：等考完试再说吧。

二　昨天的电影怎么样

刘老师：昨天的电影怎么样?

同　　事：别提了,白花了三十块钱。

刘老师：你不是说很有意思吗?

同　　事：我也只是听别人说,谁知道这个电影这么差?

刘老师：听说女主角是美国很有名的演员。

同　　事：但是她在这部电影里演得可不怎么样。

第一部分

二、再听一遍录音,判断正误:

　　1. ×　2. ×　3. ×　4. ×　5. √

四、写下你听到的句子:

　　1. 你看我最近这么忙,哪有时间去看电影?

　　2. 应该适当休息休息。

　　3. 等考完试再说吧。

第二部分

二、再听一遍录音,判断正误:
1. ×   2. √   3. √   4. ×

四、写下你听到的句子:
1. 昨天的电影怎么样?
2. 别提了,白花了三十块钱。
3. 谁知道这个电影这么差?

第三部分

1. 我现在哪儿有时间去看电影?
   问:说话人是什么意思?

2. 除了给学生上课以外,我还要准备一个外语考试。
   问:这句话是什么意思?

3. 别提了,白花了三十块钱。
   问:说话人是什么意思?

4. 谁知道这个电影这么差?
   问:说话人是什么意思?

5. 她在这个电影里演得可不怎么样。
   问:这句话是什么意思?

6. 早知道是看这种电影,我就在家睡觉了。

   问:说话人是什么意思?

7. 上午不是都说好了吗?你怎么还让我等?!
   问:说话人是什么语气?

8. 这个星期我只有周四没空儿。
   问:说话人星期几有时间?

9. 听我的一个朋友说,少吃米饭,适当吃点儿肉对减肥有好处。
   问:说话人觉得怎样对减肥有好处?

10. 白买了这本书,一点儿也没看。
    问:从这句话里,我们可以知道什么?

答案: 1. A   2. D   3. A   4. B   5. D
6. B   7. A   8. D   9. D   10. A

第二十一课 你有什么爱好

课　文

一　你有什么爱好

朴大佑：知恩，你有什么爱好？
李知恩：我的爱好可不少，看书、听音乐、上网什么的。
朴大佑：上网？玩游戏吗？
李知恩：以前喜欢上网玩游戏，现在为了学习汉语，喜欢上网聊天儿。
朴大佑：是用汉语聊天儿吗？你真了不起！
李知恩：这有什么了不起的，很简单，你也可以试试。
朴大佑：那你什么时候有空儿，教教我吧！
李知恩：没问题，随时都可以。

二　我又多了一个爱好

海　伦：罗伯特，谈谈你的爱好吧。
罗伯特：在德国的时候，我喜欢踢足球。来中国以后，我又多了一个爱好。
海　伦：多了个什么爱好，说说看！
罗伯特：我喜欢逛商店了。
海　伦：男的也喜欢逛商店？我不信。
罗伯特：我说的商店不是你们女孩子喜欢的大商店。
海　伦：那是什么商店？
罗伯特：是一些卖中国工艺品的小店。
海　伦：我对中国的工艺品也很感兴趣。
罗伯特：真的吗？那有时间一起去吧！

第一部分

二、再听一遍录音，判断正误：
　　1. ×　2. ×　3. √　4. ×　5. √

四、写下你听到的句子：
　　1. 你有什么爱好？
　　2. 现在为了学习汉语，喜欢上网聊天儿。

3. 那你什么时候有空儿，教教我吧!

第二部分

二、再听一遍录音，判断正误：
1. × 2. × 3. √ 4. × 5. √

四、写下你听到的句子：
1. 来中国以后，我又多了一个爱好。
2. 男的也喜欢逛商店？我不信。
3. 我对中国的工艺品也很感兴趣。

第三部分

1. 我的爱好可不少。
   问：这句话是什么意思？

2. 用汉语上网聊天儿有什么了不起的!
   问：这句话是什么意思？

3. 我以前喜欢上网玩游戏，现在为了学习汉语，喜欢上网聊天儿。
   问：说话人上网做的事中没有什么？

4. 我对中国的工艺品也很感兴趣。
   问：这句话是什么意思？

5. 男：我也喜欢逛商店。
   女：男孩子也喜欢逛商店？我不信。
   问：关于女说话人的意思，下面哪一句不对？

6. 上网真方便！现在看电影、听音乐、和新朋友聊天儿都不用出门了！
   问：关于上网的好处，说话人没有提到的是哪一个？

7. 考试有什么难的？多看几遍就都记住了。
   问：这句话是什么意思？

8. 我昨天两点才睡，只睡了三个小时。
   问：说话人几点起床？

9. 我前天刚陪她逛了街，今天不想再去了。
   问：说话人不想去哪儿？

10. 小学的时候我对篮球感兴趣，上中学开始喜欢足球，现在觉得游泳很有意思。
    问：说话人现在对什么感兴趣？

答案： 1. B 2. C 3. D 4. A 5. D
6. A 7. B 8. D 9. C 10. D

第二十二课 西安好玩儿吗

课 文

一 西安好玩儿吗

海　伦：罗伯特，你回来了。西安好玩儿吗？
罗伯特：好玩极了，我还买了很多工艺品呢！
海　伦：你都去了哪些地方？
罗伯特：我去了大雁塔、博物馆，还去看了最有名的兵马俑。
海　伦：除了这些名胜古迹以外，西安还有什么让你感兴趣的地方？
罗伯特：当然是那里的小吃啦，味道挺特别的，又辣又香。我差不多把那里的小吃都吃遍了。

二 去中国人家应该带什么礼物

李知恩：昨天我和几个同学去刘老师家做客了。
朴大佑：真羡慕你啊！我还没去过中国人的家呢！刘老师的家怎么样？
李知恩：家里布置得很漂亮，他的爱人很热情，饭也做得很好吃。
朴大佑：我也想去中国人的家里看看，那去中国人家应该带什么礼物？
李知恩：一般带点儿水果就行。刘老师喜欢喝茶，所以我们给他买了一盒茶。

第一部分

二、再听一遍录音，判断正误：
　　1. ×　2. ×　3. √　4. √　5. ×

四、写下你听到的句子：
　　1.西安好玩儿吗？
　　2.好玩极了，我还买了很多工艺品呢！
　　3.我差不多把那里的小吃都吃遍了。

第二部分

二、再听一遍录音,判断正误:
1. √ 2. × 3. √ 4. √ 5. ×

四、写下你听到的句子:
1. 昨天我和几个同学去刘老师家做客了。
2. 他的爱人很热情,饭也做得很好吃。
3. 那去中国人家应该带什么礼物?

第三部分

1. 西安好玩儿极了。
   问:这句话是什么意思?

2. 西安的小吃味道挺特别的,又辣又香。
   问:和这句话意思一样的是哪一句?

3. 我差不多把那里的小吃都吃遍了。
   问:这句话是什么意思?

4. 刘老师家里布置得很漂亮,他的爱人很热情,饭也做得很好吃。
   问:关于这句话的意思,下面哪一个句子是正确的?

5. 知恩,你去了刘老师家做客,我真羡慕你啊!
   问:这句话是什么意思?

6. 他走得快极了,所以今天没迟到。
   问:关于这句话,下面哪一个句子是正确的?

7. 看了这么多名胜古迹,我最喜欢的还是长城。
   问:下面哪个句子是不正确的?

8. 小杨做的菜就是香!
   问:下面哪一个句子是正确的?

9. 小王的女朋友对他真好,我真羡慕他啊!
   问:这句话是什么意思?

10. 王玲,有时间来我家玩儿啊。
    问:说话人在干什么?

答案: 1. C 2. D 3. D 4. A 5. B
6. C 7. C 8. D 9. A 10. D

第二十三课　听说他下个月就要结婚了

课　文

一　听说他下个月就要结婚了

朴大佑：知恩,听一个朋友说金志德下个月就要结婚了?

李知恩：是真的吗?跟谁结婚?

朴大佑：当然是真的,是跟一个中国女孩子结婚。

李知恩：真没想到,怪不得他的汉语进步得那么快。那个女孩子怎么样?

朴大佑：我见过一次,长得很漂亮,高高的个子,大大的眼睛。

李知恩：咦,那不是你喜欢的类型吗?

二　暑假你有什么打算

朴大佑：海伦,快到暑假了,你有什么打算?

海　伦：我打算去桂林旅游,听说桂林的山水美极了。你呢?暑假打算做什么?

朴大佑：我上次的汉语水平考试只差一点儿就能到8级了,所以没办法,只好呆在这儿复习。

海　伦：差一点儿?真是太可惜了。

朴大佑：谁说不是呢?

海　伦：祝你这次能考个好成绩!

第一部分

二、再听一遍录音,判断正误:

1. ×　2. √　3. ×　4. √　5. ×

四、写下你听到的句子:

1. 当然是真的,是跟一个中国女孩子结婚。

2. 真没想到,怪不得他的汉语进步得那么快。

3. 那不是你喜欢的类型吗?

第二部分

二、再听一遍录音,判断正误:

1. √ 2. √ 3. × 4. √

四、写下你听到的句子:

1. 快到暑假了,你有什么打算?
2. 我上次的汉语水平考试只差一点儿就能到8级了。
3. 祝你这次能考个好成绩!

第三部分

1. 真没想到金志德这么快就结婚了。
   问:说话人是什么语气?

2. 怪不得他的汉语进步得那么快。
   问:这句话是什么意思?

3. 那不是你喜欢的类型吗?
   问:这句话是什么意思?

4. 谁说不是呢?
   问:这句话是什么意思?

5. 听说桂林的山水美极了。
   问:关于这句话,下面哪一个句子是正确的?

6. 女儿怎么会不喜欢我送的礼物呢?我很失望。
   问:说话人是什么意思?

7. 除了明明以外,我们班每个人都有一辆自行车,一共十七辆。
   问:我们班有多少人?

8. 小李以前韩语说得不好,现在好多了,看来他一定很努力啊!
   问:下面哪一个句子是正确的?

9. 都7月15号了,你怎么现在才给小王寄生日礼物啊?他的生日是上个月的今天!"
   问:小王的生日是哪一天?

10. 张林,今天的课很有意思,你没去真是太可惜了。
    问:说话人是什么意思?

答案: 1. C   2. D   3. A   4. C   5. B
         6. D   7. D   8. C   9. A   10. C

第二十四课 今天天气真不错

课　文

一　今天天气真不错

王　玲：今天天气真不错！
李　林：是啊,是个大晴天,不冷也不热,很舒服。
王　玲：可是昨天的天气预报说今天降温,也许还会下雨呢。
李　林：不会吧,今天太阳多好,怎么可能下雨呢？我看天气预报又不准了。
王　玲：那可不一定,最近天气变化挺快的。
李　林：早知道我就坐公共汽车来上班了,下雨天骑自行车多不方便啊！
王　玲：没事儿,只是小雨,再说你家那么近,不一会儿就到了。

二　你习惯这儿的气候了吗

朴大佑：海伦,你习惯这儿的气候了吗？
海　伦：还不太习惯,太干燥了。你呢？
朴大佑：我也不太习惯。这儿不但干燥,而且常常刮风。
海　伦：韩国离中国很近,那儿也这样吗？
朴大佑：跟这儿不一样,比这儿湿润一些。
海　伦：这儿的天气总是这样吗？
朴大佑：听中国朋友说,春天和秋天比较干燥,夏天和冬天好一些。

第一部分

二、再听一遍录音,判断正误：

1. ×　2. ×　3. ×　4. √　5. √

四、写下你听到的句子：

1. 今天天气真不错！
2. 我看天气预报又不准了。
3. 下雨天骑自行车多不方便啊！

第二部分

二、再听一遍录音,判断正误:

1. √ 2. × 3. × 4. × 5. √

四、写下你听到的句子:

1. 你习惯这儿的气候了吗?
2. 这儿不但干燥,而且常常刮风。
3. 春天和秋天比较干燥,夏天和冬天好一些。

第三部分

1. 昨天的天气预报说今天也许还会下雨呢。
   问:这句话是什么意思?

2. 今天太阳多好,怎么可能下雨呢?
   问:这句话是什么意思?

3. 早知道我就坐公共汽车来上班了。
   问:这句话是什么意思?

4. 你家那么近,不一会儿就到了?
   问:下面哪一个句子是正确的?

5. 这儿的春天和秋天比较干燥,夏天和冬天好一些。
   问:这里的气候怎么样?

6. 别理他,他这人说话没准儿。
   问:他是个什么样的人?

7. 今年暑假我打算和同学们一起去旅游,所以得早做准备。
   问:说话人要做什么?

8. 我1米86,弟弟1米88,比我高一点儿,可是哥哥和我一样高。
   问:哥哥有多高?

9. 在中国,夏天的时候南方的湿度比北方大多了。
   问:这句话是什么意思?

10. 这里常常下雨,有时候也刮风,可是不冷不热很舒服。
    问:关于这里的天气情况,下面哪一个句子是不正确的?

答案:

1. C 2. D 3. C 4. C 5. D
6. C 7. B 8. B 9. C 10. D

第二十五课　还有卧铺票吗

课　文

一　还有卧铺票吗

罗伯特：劳驾,我想订一张后天去西安的火车票。
售票员：后天有两趟去西安的火车,一趟是在下午,一趟是在晚上。
罗伯特：我要晚上的。还有卧铺票吗?
售票员：两个车次的卧铺票都卖完了,只有软座和硬座了。
罗伯特：那我就要下午的车票好了。来一张软座,给您钱。
售票员：请再加五块钱的手续费。

二　听说你最近刚买了一辆摩托车

海　伦：听说你最近刚买了一辆摩托车?
朴大佑：是啊。虽然是二手的,可是很好骑。
海　伦：你怎么买摩托车了?骑摩托车多危险啊!
朴大佑：你还不知道吧?我搬到学校外面住了,骑摩托车又快又方便。
海　伦：那你可得注意安全啊!对了,你什么时候搬出去的?
朴大佑：一周前。我在学校附近租了一套房子。
海　伦：在学校外面住感觉怎么样?
朴大佑：生活更自由了,就是上课远了点儿,所以才买了这辆摩托车。

第一部分

二、再听一遍录音,判断正误:
1. ×　2. ×　3. √　4. √　5. √

四、写下你听到的句子:
1. 劳驾,我想订一张后天去西安的火车票。
2. 后天有两趟去西安的火车。
3. 那我就要下午的车票好了。

第二部分

二、再听一遍录音,判断正误:

1. ×   2. √   3. ×   4. √   5. ×

四、写下你听到的句子:

1. 听说你最近刚买了一辆摩托车?
2. 虽然是二手的,可是很好骑。
3. 我在学校附近租了一套房子。

第三部分

1. 劳驾,我想订一张后天去西安的火车票。
   问:下面哪一个句子是正确的?

2. 后天有两趟去西安的火车,一趟是在下午,一趟是在晚上。
   问:下面哪一个句子是不正确的?

3. 小王的摩托车虽然是二手的,可是很好骑。
   问:关于小王的摩托车,下面那一句是不正确的?

4. 你还不知道吧?我已经搬到学校外边住了。
   问:这句话是什么意思?

5. 在学校外边住,生活更自由了,就是上课远了点儿,所以才买了这辆摩托车。
   问:在学校外边住怎么样?

6. 电视以前是小李的,他搬家带不走,所以就卖给我了,挺便宜的。
   问:下面哪一个句子是正确的?

7. 小红啊,我觉得蓝的有点儿大,黑的又太长,都不如那件白的。
   问:说话人觉得哪件好?

8. 你骑车骑得太快了,多不安全啊!
   问:这句话是什么意思?

9. 明天都周三了,你现在把我昨天写好的信寄出去吧。
   问:说话人是什么时候写好信的?

10. 摩托车一定是小李骑走了,小王不会骑,小张自己有车。哎,不对啊,小李不是正在这儿嘛!
    问:谁骑走了摩托车?

答案:
1. C 2. A 3. A 4. B 5. C
6. D 7. D 8. B 9. A 10. D

第二十六课 祝你生日快乐

课 文

一 祝你生日快乐

(李知恩的生日晚会上)
张　明：知恩,这束花是送给你的,祝你生日快乐!
李知恩：太漂亮了,谢谢你。
朴大佑：我也有礼物要送给你,不过,你要先唱一首歌。
李知恩：我唱歌唱得难听死了,你还不知道?
张　明：我还从来没听过知恩唱歌呢,给我们唱一首吧。
李知恩：好吧,那我就来一首,你们可不要被吓跑呀。

二 买汽车

(在王玲的办公室,休息时间)
王　玲：小李,现在汽车便宜了,你不想买一辆?
李　林：王姐,别开玩笑了,我哪有那么多钱买汽车呀?
王　玲：可以去银行贷款啊!
李　林：我女朋友还催着结婚呢,我还是先买房子吧。
王　玲：要我说呀,先买汽车,有汽车上班下班多方便!
李　林：方便是方便,可是有时候堵车堵得也很厉害。

第一部分

二、再听一遍录音,判断正误:
　　1. √   2. ×   3. √   4. √   5. ×

四、写下你听到的句子:
　　1. 这束花是送给你的,祝你生日快乐!
　　2. 我也有礼物要送给你。
　　3. 我唱歌唱得难听死了。

第二部分

二、再听一遍录音,判断正误:

1. √   2. ×   3. √   4. ×   5. √

四、写下你听到的句子:

1. 现在汽车便宜了,你不想买一辆?
2. 有汽车上班下班多方便!
3. 方便是方便,可是有时候堵车堵得也很厉害。

第三部分

1. 我唱歌唱得难听死了,你还不知道?
   问:这句话是什么意思?

2. 我还从来没听过知恩唱歌呢,给我们唱一首吧。
   问:关于这句话的意思,下面哪一句是正确的?

3. 先买汽车,有汽车上班下班多方便!
   问:说话人为什么要先买汽车?

4. 我哪有那么多钱买汽车呀?
   问:这句话是什么意思?

5. 方便是方便,可是有时候堵车堵得也很厉害。
   问:这句话是什么意思?

6. 这首我不会唱啊,还是换一首吧。
   问:说话人在谈论什么?

7. 哎呀!吓了我一跳!你怎么来了啊?
   问:说话人怎么了?

8. 我是发烧了,可谁说我走了?我这不是在上班吗?
   问:下面哪一句是正确的?

9. 我都说了后天就还钱,可张小明还总是催。
   问:关于这句话的意思,下面那一句是正确的?

10. 我7点半就从家里出来了,堵车堵了1个小时,上学都迟到了。
    问:8点的时候说话人可能在哪儿?

答案: 1. D 2. B 3. D 4. A 5. D
          6. B 7. C 8. B 9. D 10. B

第二十七课 周末出去玩了吗

课 文

一 周末出去玩了吗

(在办公室)

王　玲：周末出去玩儿了吗?

李　林：本来想出去玩,可是突然下起雨来,只好在家里看了一整天小说,无聊死了。您呢?

王　玲：我也够倒霉的。我上午带着孩子去了公园,没想到没玩儿多长时间就下雨了。

李　林：没被雨淋了吧?

王　玲：还好,我们一看下雨就赶紧打的回家了。

二 我去参加朋友的婚礼

(在火车上,李林遇见中学同学赵丽)

赵　丽：这不是李林吗?真巧,几年没见,没想到在火车上遇到了。

李　林：是啊,你这是去哪儿?

赵　丽：去北京出差。你呢,也去北京?

李　林：我在北京的一个朋友这个周末结婚,我去参加他的婚礼。

赵　丽：哦。对了,你的个人问题解决了吗?

李　林：我还不着急。再说现在的女孩子要求也太高了。

赵　丽：你的眼光也不要那么高嘛!两个人性格合适最重要了。

第一部分

二、再听一遍录音,判断正误:

　　1. ×　 2. ×　 3. √　 4. ×　 5. √

四、写下你听到的句子:

　　1.周末出去玩儿了吗?

　　2.没被雨淋了吧?

　　3.我们一看下雨就赶紧打的回家了。

第二部分

二、再听一遍录音，判断正误：

1. × 2. × 3. × 4. √ 5. √

四、写下你听到的句子：

1. 几年没见，没想到在火车上遇到了。
2. 我在北京的一个朋友这个周末结婚。
3. 对了，你的个人问题解决了吗？

第三部分

1. 我本来想出去玩，可突然下起雨来，只好在家里看了一整天小说，无聊死了。
   问：哪一件事是说话人在周末没做的？

2. 我上午带着孩子去了公园，没想到没玩儿多长时间就下雨了。
   问：下面哪一句是正确的？

3. 我在北京的一个朋友这个周末结婚，我去参加他的婚礼。
   问：说话人为什么去北京？

4. 找女朋友两个人性格合适最重要了，是不是漂亮和有钱都没关系。
   问：说话人觉得找女朋友什么最重要？

5. 对了，你的个人问题解决了吗？
   问："个人问题"是指什么？

6. 都淋湿了，小王你赶紧回家换衣服吧！
   问：关于这句话的意思，下面哪一句是正确的？

7. 在这儿遇见你真是太巧了！
   问：说话人是什么语气？

8. 我平时喜欢看小说、运动，还喜欢逛街。
   问：说话人在说什么？

9. 她能给你做饭就够好的了，现在很多女孩子连衣服都不会洗呢！
   问：这句话是什么意思？

10. 小李知道父母为自己的婚事很着急，可是没遇到合适的，他也没办法呀。
    问：从这句话里我们可以知道什么？

答案： 1. B 2. A 3. D 4. D 5. C
6. A 7. D 8. A 9. A 10. B

第二十八课　你还住在原来的地方吗

课　文

一　你还住在原来的地方吗

（王玲去同学家）

张　伟：王玲，我是张伟，明天是我太太的生日，正好你们又是高中同学，我们一块儿聚聚吧。

王　玲：好啊，我也好久没见她了，是该聚聚了。你还住在原来的地方吗？

张　伟：早搬家了，我现在住在山大东路27号38号楼二单元102室。

王　玲：等等，你再说一遍，我记一下。

（第二天　张伟给王玲打电话）

张　伟：你怎么还没到？

王　玲：我现在就在你们楼下，可是怎么有两个102啊？

张　伟：你等一下，我马上下去接你。

二　哪里可以查资料呢

李知恩：快到期末了，我要写一篇学期论文，哪里可以查资料呢？

张　明：当然是图书馆了，那里有各种专业的书籍。

李知恩：我应该去几楼？

张　明：图书馆的一楼是阅览室，二楼是文科借书处，三楼是理科借书处。

李知恩：我的专业是汉语，属于文科，所以应该去二楼看看，对吗？

张　明：真聪明，我一说你就明白了。你还可以上网，很多最新的资料在网上都可以查到。

李知恩：谢谢你！总是让你帮忙真不好意思，我现在就去。

第一部分

二、再听一遍录音，判断正误：

1. ×　2. √　3. ×　4. √　5. √

四、写下你听到的句子：

1. 明天是我太太的生日。

2. 你家还住在原来的地方吗？

3. 你等一下，我马上下去接你。

第二部分

二、再听一遍录音,判断正误:

1. √ 2. √ 3. √ 4. × 5. ×

四、写下你听到的句子:

1. 哪里可以查资料呢?

2. 真聪明,我一说你就明白了。

3. 很多最新的资料在网上都可以查到。

第三部分

1. 我不住在原来的地方,我早搬家了。
   问:这句话是什么意思?

2. 王玲,明天是我太太的生日,正好你们又是高中同学,我们一块儿聚聚吧。
   问:说话人的太太和王玲是什么关系?

3. 我一说你就明白了。
   问:这句话是什么意思?

4. 总是让张明帮忙真不好意思。
   问:这句话告诉我们什么?

5. 图书馆的一楼是阅览室,二楼是文科借书处,三楼是理科借书处。
   问:关于这句话的意思,下面哪一句是正确的?

6. 刘姐,您能不能送我本您的专业书?
   问:说话人想让刘姐干什么?

7. 刚才我去邮局寄信了,然后又去银行取了些钱,回来的路上去商店买了这条裙子。
   问:下面哪个地方说话人没有提到?

8. 小张在大学里学的是文科。
   问:下面哪一个可能是小张的专业?

9. 不好意思,你等了很长时间了吧?
   问:关于这句话的意思,下面哪一句是正确的?

10. 往前走100米有一个路口,往北拐是个邮局,邮局的对面就是银行了。
    问:说话人要去哪儿?

答案: 1. D 2. A 3. D 4. D 5. C
6. C 7. D 8. C 9. B 10. D

第二十九课 我的手机坏了

课　文

一　我的手机坏了

李知恩：师傅,我的手机坏了。

师　傅：你先说一下儿是什么毛病。

李知恩：我接电话的时候,对方能听见我的声音,可是我听不到他的声音。

师　傅：拿过来让我检查一下儿,(打开)没多大问题,是里边的一个零件坏了。你的手机用了多长时间了?

李知恩：用了一年多了,这是发票。

师　傅：已经过了保修期了,所以我们要收维修费。

李知恩：多少钱?

师　傅：零件加维修费一共四十块钱。你先放这儿,半个小时以后来取吧。

二　买电脑

(李林陪女朋友买电脑)

李　林：都逛了三个小时了,决定买哪种了没有?

女朋友：再比较一下吧,这种是名牌儿,可是价格太高;那种呢,虽然便宜,可是颜色太难看了。

李　林：买电脑质量是最重要的,跟好看不好看有什么关系?

女朋友：这你就说得不对了,我每天都要用电脑,看着好看,心里才舒服嘛。

李　林：我们别吵了,还是听听售货员的意见吧!

练习

第一部分

二、再听一遍录音,判断正误:

1. ×　2. √　3. √　4. ×　5. ×

四、写下你听到的句子:

1. 师傅,我的手机坏了。

2. 拿过来让我检查一下儿。

3. 你先放这儿,半个小时以后来取吧。

第二部分

二、再听一遍录音，判断正误：

1. √   2. ×   3. ×   4. √

四、写下你听到的句子：

1. 那种呢，虽然便宜，可是颜色太难看了。
2. 买电脑质量是最重要的。
3. 每天都要用电脑，看着好看，心里才舒服嘛。

第三部分

1. 你的手机没多大问题。
   问：这句话是什么意思？

2. 已经过了保修期了，所以我们要收维修费，维修费加零件费一共是四十块钱。
   问：下面哪一个句子是正确的？

3. 那台电脑虽然便宜，可是颜色太难看。
   问：这句话是什么意思？

4. 跟好看不好看有什么关系？
   问：这句话是什么意思？

5. 我每天都要用电脑，看着好看，心里才舒服嘛。
   问：下面哪句话是正确的？

6. 您点了3个菜一共是120元，再加10%的服务费，一共是132元。
   问：服务费多少钱？

7. 这电视的质量也太差了吧，才看了几天啊就又出毛病了。
   问：电视怎么了？

8. 听！外面好像有人。
   问：说话人为什么知道外面有人？

9. 不是说好8点见面吗？现在都过了一个半小时了，他怎么还没来？
   问：现在几点了？

10. 打的太贵，坐公共汽车人又太多，我们还是骑自行车去吧。
    问：说话人为什么骑自行车去？

答案： 1. B 2. C 3. C 4. C 5. D
         6. B 7. B 8. A 9. D 10. A

第二十课　你习惯中国的生活了吗

课　文

一　你习惯中国的生活了吗

张　明：来中国快半年了,你习惯中国的生活了吗?
海　伦：怎么说呢?刚来的时候不太习惯,现在已经慢慢地习惯了。
张　明：你刚来的时候不喜欢吃中国菜,现在呢?
海　伦：现在简直是太喜欢吃中国菜了,所以比来的时候胖多了。
张　明：你对中国文化也了解了不少了吧?
海　伦：了解了一些,我特别喜欢中国的传统服装,还买了一件旗袍呢!
张　明：听说你非常喜欢旅游,去了很多地方了吧?
海　伦：去了五六个省了,我打算在中国学习期间把想去的地方都游览个遍。

二　从韩国坐飞机到济南要花多长时间

张　明：知恩,从韩国坐飞机到济南要花多长时间?
李知恩：需要一个半小时左右。
张　明：韩国离中国真近啊!来中国以后,你对中国有什么印象?
李知恩：印象最深的是中国很大。
张　明：还有呢?
李知恩：还有就是中国人非常多,而且我觉得中国人都很友好,也很热情,所以我交了很多中国朋友。
张　明：除了这些以外,你对中国还有什么印象?
李知恩：中国经济的发展速度也很快,和其他国家交流的机会更多了,所以很多外国人都愿意来中国。

第一部分

二、再听一遍录音,判断正误:
　　1. ×　2. √　3. √　4. ×　5. √

四、写下你听到的句子:
　　1.你习惯中国的生活了吗?
　　2.现在简直是太喜欢吃中国菜了。
　　3.我打算在中国学习期间把想去的地方都游览个遍。

第二部分

二、再听一遍录音,判断正误:

1. √ 2. √ 3. √ 4. √ 5. √

四、写下你听到的句子:

1. 从韩国坐飞机到济南要花多长时间?
2. 印象最深的是中国很大。
3. 中国经济的发展速度也很快。

第三部分

1. 我现在简直是太喜欢吃中国菜了,所以比来的时候胖多了。
   问:关于这句话的意思,下面哪一句是不正确的?

2. 来中国以后,我已经去了五六个省了。
   问:关于这句话的意思,下面哪一句是正确的?

3. 我特别喜欢中国的传统服装,还买了一件旗袍呢!
   问:说话人在谈论什么?

4. 我打算在中国学习期间把想去的地方都游览个遍。
   问:这句话什么意思?

5. 我觉得中国人都很友好,也很热情,所以我交了很多中国朋友。
   问:关于这句话的意思,下面哪一句是不正确的?

6. 老刘对传统的东西很感兴趣,所以他开了一家旗袍店。
   问:关于老刘,下面哪一句是正确的?

7. 你太胖了,穿旗袍不好看,还是来件唐装吧。
   问:说话人在说什么?

8. 小张的那些电影,我都看遍了。
   问:说话人是什么意思?

9. 我和她两个人一共花了500块钱左右。
   问:关于这句话的意思,下面哪一句是正确的?

10. 那时候我很小,对那件事已经没什么印象了。
    问:说话人是什么意思?

答案:
1. D   2. D   3. C   4. C   5. B
6. D   7. D   8. C   9. D   10. C